Reflorescer

histórias de mulheres negras que passaram pela transição capilar

MARIANY ALVES BITTENCOURT

Reflorescer

histórias de mulheres negras que passaram pela transição capilar

malê

Todos os direitos desta edição reservados à Malê Editora e
Produtora Cultural Ltda.
Direção: Francisco Jorge & Vagner Amaro

Reflorescer: histórias de mulheres negras que passaram pela transição capilar
ISBN: 978-65-87746-93-7
Edição: Vagner Amaro
Capa: Dandarra Santana
Diagramação: Maristela Meneghetti
Revisão: Louise Branquinho

Texto revisado segundo o novo Acordo Ortográfico da Língua Portuguesa.
Proibida a reprodução, no todo, ou em parte, através de quaisquer meios.

```
   Dados Internacionais de Catalogação na Publicação (CIP)
        (Câmara Brasileira do Livro, SP, Brasil)

    Bittencourt, Mariany Alves
       Reflorescer : histórias de mulheres negras
    que passaram pela transição capilar / Mariany
    Alves Bittencourt. -- 1. ed. -- Rio de Janeiro :
    Malê Edições, 2022.

       Bibliografia.
       ISBN 978-65-87746-93-7

       1. Cabelos - Cuidados e higiene 2. Experiências -
    Relatos 3. Jornalismo 4. Livro-reportagem 5. Mulheres
    negras 6. Mulheres negras - Biografia 7. Transição
    capilar - Estética I. Título.

 22-124050                              CDD-920.72
                Índices para catálogo sistemático:

    1. Mulheres : História de vida : Biografia   920.72

     Aline Graziele Benitez - Bibliotecária - CRB-1/3129
```

malê

Rua Acre, 83, sala 202, Centro. Rio de Janeiro
www.editoramale.com.br
contato@editoramale.com.br

à minha avó Nina,
que não viveu a tempo de admirar seus cabelos crespos,
eu dedico cada letra deste livro.

Eu até acho o cabelo de negro mais iducado do que o cabelo de branco. Porque o cabelo de preto onde põe, fica. É obediente. E o cabelo de branco, é só dar um movimento na cabeça ele já sai do lugar. É indisciplinado. Se é que existe reincarnações, eu quero voltar sempre preta.

(***Quarto de Despejo**,* Carolina Maria de Jesus)

Sumário

Prólogo **11**

Introdução **17**

1. Eu queria ver como era o meu cabelo de verdade **25**
2. Tornar-se negra **35**
3. Clarice encontra Clarice **45**
4. Com o seu cabelo a gente não trabalha **55**
5. Cabelo ruim: breve história da marginalização do cabelo crespo **63**
6. Das redes sociais para as prateleiras **71**
   Mercado de produtos capilares descobre que 56% da população brasileira é negra **72**
   Internet: o berço da transição capilar **75**
7. O segredo do cabelo perfeito é aceitar que ele não existe **83**
8. Tentando me encontrar **99**
9. Tudo o que eu amo hoje era o que eu detestava antes porque me fizeram detestar **113**

Agradecimentos **123**

Referências **125**

Prólogo

Na primeira vez que alisei o cabelo, eu chorei. Não sei se porque doía ou se porque eu via naquele processo a perda da minha identidade – tal como minha mãe interpretaria anos mais tarde. Gosto da segunda opção porque dá um tom meio poético a essa experiência, mas eu seria desonesta com você se a escolhesse. A distância entre o presente e a coisa vivida no passado me impede de compreender o motivo daquelas lágrimas. Acho que no fundo eu nem sabia o que era esse negócio de identidade e devo ter chorado simplesmente por causa da dor. Quando penso naquela tarde, tudo o que me vem à mente são breves memórias turvas do meu cabelo sendo puxado pela escova quente, do vento do secador na minha nuca, dos meus olhos ardendo e do cheiro forte do produto. Eu tinha treze anos.

Naquela época, notícias sobre mulheres que haviam morrido em decorrência do uso indevido de produtos químicos para alisar os cabelos eram frequentes em vários jornais. O causador dessas mortes era o formol, composto químico comumente usado, dentre outras utilidades, para embalsamar peças de cadáveres e produzir explosivos e fungicidas agrícolas. Sua inalação pode gerar inúmeros sintomas, desde irritação dos olhos e das vias respiratórias a dor de cabeça e vômito, tendo potencial cancerígeno alertado pela Organização Mundial de Saúde (OMS). Em vários casos, a intoxicação é fatal.

Na tentativa de se tornarem alternativas a essa substância *vilanizada*, produtos para alisamento capilar supostamente naturais ganharam visibilidade. Eufemismos dos mais variados tipos surgiram. Selagem, escova inteligente, marroquina. Até escova de chocolate inventaram.

— Pode ficar tranquila, mãe — disse o cabeleireiro, antes de aplicar o alisante no meu cabelo. — Esse não tem formol.

O procedimento se chamava *relaxamento* e tinha o intuito de "dar uma abaixada no volume" e "soltar os cachos". Era feito à base de hidróxido de sódio, nome científico da substância conhecida popularmente como soda cáustica.

Dois anos depois de eu alisar o cabelo pela primeira vez, a Agência Nacional de Vigilância Sanitária (Anvisa) proibiu a comercialização de formol em drogarias, farmácias, supermercados, empórios, lojas de conveniências e *drugstores*[1]. Tempos depois, em resolução de março de 2013, a Anvisa estabeleceu um limite de 0,2% de formol na composição de cosméticos. Nesse percentual, a substância não funciona como alisante.

Em pesquisa para a elaboração deste livro, digitei as palavras "formol mulher morte" no Google e descobri que, em dezembro de 2019, outra mulher morreu em decorrência de um alisamento capilar com excesso de formol. Lendo a notícia, descobri que Leidiane Ferreira dos Santos tinha 31 anos e sofreu intoxicação após fazer escova progressiva em um salão de beleza. Em informações divulgadas pela matéria, seu atestado de óbito apontava parada cardiorrespiratória, alergia a produtos químicos, crise convulsiva e hipotensão.

---

[1] BRASIL. Ministério da Saúde. Agência Nacional de Vigilância Sanitária (ANVISA). *Resolução nº 36, de 17 de junho de 2009*. Dispõe sobre a proibida a exposição, a venda e a entrega ao consumo de formol ou de formaldeído (solução a 37%) em drogaria, farmácia, supermercado, armazém e empório, loja de conveniência e drugstore. Brasília, DF, jul. 2009. Disponível em: <http://bvsms.saude.gov.br/bvs/saudelegis/anvisa/2009/res0036_17_06_2009.html>. Acesso em: 11 out. 2019.

Assim como Leidiane, outras mulheres perderam a vida pela mesma razão e suas mortes costumam ser noticiadas sem aprofundamento. O que me incomoda nessas notícias é a ausência de discussão sobre os possíveis motivos que essas mulheres tiveram para alisar seus cabelos. O máximo que encontro são frases do tipo: "Ela era muito vaidosa". Nessas matérias, a escova progressiva costuma ser naturalizada, como se alisar os fios com produtos químicos fosse simples como passar batom e o único problema fosse o uso excessivo de formol. Essa abordagem, a meu ver, transforma vítimas em culpadas, descuidadas ao escolherem o salão para o alisamento. Ou, ainda, culpabilizam somente o salão ou o profissional que realizou o procedimento, desconsiderando um problema estrutural ao individualizar a questão. Apenas condenar a irresponsabilidade desses estabelecimentos não dá conta de compreender o fenômeno em sua complexidade e cria uma falsa sensação de justiça. O problema é mais amplo.

No texto *Alisando nosso cabelo*, a teórica estadunidense bell hooks[2] aponta que, em uma sociedade estruturada no racismo, alisar o cabelo vai além de uma questão meramente estética. "Dentro do patriarcado capitalista – o contexto social e político em que surge o costume entre os negros de alisarmos os nossos cabelos –, essa postura representa uma imitação da aparência do grupo branco dominante e, com frequência, indica um racismo interiorizado, um ódio a si mesmo que pode ser somado a uma baixa autoestima."

Hoje, dói um pouco me dar conta disso. Alisei o cabelo por oito anos. Tentei parar cinco ou seis vezes, porque achava chato fazer escova e passar chapinha, mecha a mecha, toda vez que lavava. Não

---

[2] Bell hooks escreve seu nome em letras minúsculas porque, para ela, a atenção deve ser dada a sua obra, e não a quem escreve.

podia nadar, brincar, suar. Vivia dormindo de touca, mesmo no verão, para manter os fios alinhados na manhã seguinte, ao me preparar para o colégio. Era difícil, porém, romper o ciclo no qual me vi inserida, porque o cabelo cacheado crescia e a mistura das duas texturas capilares não me agradava – e eu não tinha coragem de raspar.

Quando passei no vestibular da Universidade Federal de Santa Catarina (UFSC) e me mudei para Florianópolis, em 2015, havia decidido não alisar mais meus cachos, decisão essa que durou dois dias. Ao me ver cercada por alunas de cabelos lisos e ondulados, me senti feia. Longe da minha cabeleireira, busquei alternativas.

"Fran, qual é aquele produto que você comprou para relaxar teu cabelo?" — Foi a mensagem que enviei a uma estudante de outro curso, amiga minha, que também tinha vindo da mesma cidade que eu.

"O da farmácia? Espera aí que vou mandar foto."

Aquela foi a última vez que alisei quimicamente meus cabelos.

Como se não bastasse alisar sozinha no banheiro da minha nova casa, inventei de cortar franja, que nos primeiros dias ficou bem bonita – quase igual à da Zooey Deschanel no filme *500 Dias com Ela*. O que eu esqueci, no entanto, foi que o cabelo natural da Zooey não é igual ao meu. Em duas semanas, fios virgens brotaram em meu couro cabeludo e a franja fez das minhas manhãs campos de batalha. Passei alguns dias acordando quarenta minutos mais cedo para dar um jeito com a chapinha antes da aula. Uma semana depois, cansei.

Além de mim, Luanna, Renata, Lídia, Clarice, Vanessa, Dhara, Marcia e Camila, fontes principais deste livro, também cansaram. Quando conversei com cada uma separadamente, elas trouxeram um conjunto de vivências próprias, mas com diversos pontos em comum. O que as une aqui foi a decisão de um dia passar pela *transição capilar*, termo dado ao processo de abandonar o alisamento químico e retomar os cabelos naturais.

É por acreditar no poder da informação que decidi que esse seria o tema do meu trabalho de conclusão de curso em Jornalismo na UFSC. Minha principal intenção com este livro é dar a profundidade que o assunto exige. Para contextualizar e humanizar o trabalho, me dispus a ouvir as histórias de mulheres que aceitaram compartilhar comigo sua relação com os cabelos não apenas durante a transição capilar, mas desde a infância.

Como a ideia foi reunir nossas conversas em um livro-reportagem, tive bastante cuidado ao selecionar e organizar as informações, tendo em vista que, como aprendi na disciplina de Redação VI, da faculdade, a realidade não é um sistema linear de causas e consequências[3]. Vale ressaltar, também, que as fontes principais deste livro utilizaram a memória para compartilharem comigo suas vivências, muitas das quais ocorreram ainda na infância. Portanto, não se trata somente do que sentiam no passado, mas da compreensão que têm hoje sobre essas mesmas experiências.

Resolvi iniciar este trabalho compartilhando com você o que eu vivi porque acredito na importância de sabermos quem está por trás das palavras que lemos. No jornalismo não é diferente, visto que o jornalista participa das narrativas que constrói. Ainda que eu não deixasse em evidência para você que eu também um dia parei de alisar os cabelos, minhas vivências estariam nas entrelinhas de cada capítulo. Portanto, fiz a escolha de expor essa subjetividade, porque sem ela eu sequer escreveria este livro. Parto da minha experiência

---

[3] Referência ao texto "A ilusão biográfica", de Pierre Bourdieu.

com a transição capilar para compartilhar histórias de outras mulheres negras que vivenciaram o mesmo processo.

Entendendo o jornalismo como uma importante ferramenta de produção e de difusão de conhecimento, o objetivo central deste trabalho é reunir informações importantes acerca do assunto a fim de que este livro seja uma fonte confiável de consulta para outras pessoas. Além de relatos de mulheres que passaram pela transição capilar, os capítulos contêm dados relevantes a respeito do tema, tanto pesquisas quantitativas quanto contextualização histórica e informações técnicas sobre alisantes químicos. Para isso, busquei fontes especialistas no assunto, de farmacêuticas a antropólogas, com o intuito de aprofundar o tema. Algumas dessas fontes foram pessoas que eu mesma entrevistei, mas também contei com o conhecimento que obtive em leituras de teses, dissertações, romances, poesias e artigos científicos — referências que listei ao final do livro.

Apesar de a apuração ter iniciado em junho de 2018, acho importante ressaltar que a maior parte deste livro foi escrita em 2020, durante a quarentena recomendada pelo Conselho Nacional de Saúde (CNS) diante da pandemia da COVID-19. Sendo assim, mesmo que algumas entrevistas tenham sido realizadas pessoalmente antes das medidas de isolamento social, a maior parte delas ocorreu por videoconferência durante a quarentena.

Por fim, peço que evite qualquer tentativa generalizadora para compreender o que é transição capilar. Não prometo conclusões, nem resumos do que é passar por esse processo. O que busco, com a minha escrita, é mostrar o quanto esse assunto é diverso, o quanto ele não tem apenas uma causa, tampouco uma só consequência. O que quero aqui é causar incômodo e identificação. Qual dos dois você vai sentir dependerá do lugar que você ocupa na sociedade.

Introdução

"A fuga de uma realidade discriminatória, construída ao longo de um processo histórico e cultural baseado num passado escravista, leva o brasileiro ao escamoteamento do seu pertencimento ou de suas origens étnico/raciais. É a tentativa de se aproximar do tipo estético ideal, visto como representante da superioridade étnica, valorizado e aceito socialmente, a saber, o branco. No Brasil, o branco não é somente uma referência social, mas também estética."

(*Sem perder a raiz*, Nilma Lino Gomes)

---

[1] Imagem da abertura: propaganda de "cabelisador", retirada do *Jornal Clarim d' Alvorada*, n. 16, ano VI, 1933. Encontrei esta imagem no trabalho *Nós também somos belas: a construção social do corpo e da beleza em mulheres negras*, de Joyce Gonçalves, devidamente referenciado no último tópico deste livro.

Pessoas modificam o formato dos cabelos desde a Antiguidade. Nos salões de barbeiros da Grécia Antiga e, posteriormente, nas casas de banho romanas, homens tinham seus cabelos e barbas modelados com ferro quente. Também era sabido, na Idade Antiga, que materiais gordurosos aplicados nos cabelos impediam a absorção de água pelos fios e, consequentemente, retardavam o retorno da ondulação natural. Do mesmo modo, há registros[2] de técnicas que faziam os cabelos encaracolarem, como a utilizada por algumas mulheres egípcias e romanas, que enrolavam os cabelos umedecidos com lama em rolinhos de madeira e aguardavam a argila secar sob o sol.

Apesar de existir há milênios, entretanto, o alisamento capilar como é entendido hoje surgiu no contexto de pós-abolição da escravatura, nos Estados Unidos, ao final do século XIX. Nesse período, duas mulheres afro-americanas enriqueceram no ramo da indústria de cosméticos ao criarem produtos voltados para os cabelos crespos, algo inédito no mercado de beleza. Annie Malone (1869-1957) e, posteriormente, Madam C. J. Walker (1867-1919) desenvolveram cremes alisantes vendidos como "crescedores capilares", o que indica que o alisamento era utilizado como técnica para fazer o cabelo crescer. Tais produtos, anunciados nos jornais como "mágicos" e "milagrosos", tinham como público-alvo a mulher de cor em busca do que era considerado boa aparência[3].

Em seu texto *Domando os fios e civilizando os corpos: a construção da beleza afro-americana em alguns jornais e revistas negros de Chicago no pós-abolição (1918-1922)*, a doutora em História Social pela Universidade Estadual de Campinas (Unicamp) Giovana Xavier investiga, dentre outros fatores, os significados de "boa aparência", termo muitas

---

[2] Informação retirada do texto de Erica Franquilino, devidamente referenciado no último tópico deste livro.
[3] Informações retiradas do texto de Giovanna Xavier, devidamente referenciado no último tópico deste livro.

vezes associado à higiene e beleza quando se fala de cabelos de mulheres negras. Nesse trabalho, que é parte de sua tese de doutorado, a pesquisadora evidencia, por meio de análise de anúncios de produtos capilares veiculados em jornais, como o alisamento capilar era, já no início do século XX, sinônimo de cuidado.

Foi nesse contexto que mulheres como Annie Malone e Madam C. J. Walker se tornaram ricas com a venda de seus cremes alisantes. Além delas, outras empresas também investiram na elaboração de produtos semelhantes, muitas formadas por pessoas negras, com o intuito de investir na centralidade das mulheres afro-americanas no projeto de "elevação racial da população de cor"[4].

No Brasil, o alisamento químico chegou apenas em 1950. Duas décadas antes, no entanto, surgia no país o primeiro objeto feito para alisar cabelos de forma mecânica: o cabelisador. O aparelho de ferro, em formato de haste, era aplicado nos fios após ser aquecido no fogão ou em brasa, alisando-os. Considerado o avô da chapinha, o objeto constituía o grupo de produtos revolucionários no tratamento de cabelos crespos[5] que, comumente, estampavam anúncios de jornais da época.

Na década seguinte, outra ferramenta alisante, o chamado "pente quente", passou a ser difundida no país, embora tenha sido patenteada anos antes por Annie Malone[6], nos Estados Unidos. Como o nome indica, tratava-se de um objeto em formato de pente que também utilizava o calor para alisar os cabelos. Sua fama se estendeu

---

[4] Idem. Diante do sucesso desses grupos, ocorreram tentativas de boicote propostas por empresas do mesmo ramo lideradas por brancos, ao que dirigentes negros e negras reagiram, apontando o racismo presente nas propagandas dessas organizações, por exemplo. A crítica feita por empresários(as) negros(as) não era aos produtos fabricados pelas companhias brancas, mas às próprias empresas que, segundo eles, eram "parte da propaganda do homem branco para degradar, ridicularizar e insultar a raça".
[5] Informações retiradas do texto de Joyce Gonçalves, devidamente referenciado no último tópico deste livro.
[6] O pente-quente é um pente de ferro que começou a ser utilizado por mulheres brancas, por volta de 1870, nos Estados Unidos. Entretanto, diante da massificação das propagandas de alisamentos capilares – estudada no trabalho de Giovana Xavier –, "a memória do uso deste instrumento ficou restrita à história das mulheres negras", como aponta a pesquisadora.

com o passar do tempo e nos anos 1980 o objeto era, ainda, bastante popular entre mulheres de baixa renda[7]. Outra alternativa a quem não tinha dinheiro para investir em ferramentas atualizadas era passar o cabelo a ferro, apoiando o pescoço na tábua de passar roupas[8].

Tanto o cabelisador como o pente quente não modificavam o formato do cabelo de forma definitiva, porque não eram capazes de alterar a estrutura da queratina, proteína predominante nos fios. Constituída por microfilamentos com resistência, elasticidade e impermeabilidade à água[9], essa proteína estica e assume outra conformação quando exposta ao calor úmido. Por outro lado, quando resfriada, a queratina retorna ao aspecto anterior. Em outras palavras, a chapinha – assim como seus antecessores – não resiste, sozinha, à umidade do ar, à chuva, nem à transpiração. Muito menos à lavagem.

Na década de 1960, um novo método de alisamento mecânico se difundiu: as toucas. Esse procedimento consistia em esticar mechas de cabelo úmidas, uma por uma, e prendê-las com grampos ao redor da cabeça até secarem. "Fazer touca" permaneceu constituindo a rotina de mulheres no Brasil por décadas. No início dos anos 2000, minha mãe era adepta da técnica, já que chapinha e secador, naquela época, eram considerados itens de luxo lá em casa. Depois de prender todo o cabelo para o mesmo lado, ela retirava com cuidado os grampos e cobria a cabeça com uma meia-calça bem fina – segundo ela, "aquelas rasgadas que toda mulher guardava na gaveta justamente para esse fim". Uma ou duas horas depois, ela repetia o processo, dessa vez prendendo o cabelo para o lado oposto. "Qualquer evento que

---

[7] Informações retiradas do texto de Rita Köler, devidamente referenciado no último tópico deste livro.
[8] Idem.
[9] Idem. Nos fios de cabelo ocorrem três tipos de ligações químicas: ligações de hidrogênio (que permitem que o formato do cabelo se modifique quando os fios estão molhados), ligações iônicas (que podem ser quebradas quando o cabelo é submetido a produtos alcalinos com pH acima de 10 ou ácidos com pH acima de 2) e ligações de dissulfeto (que são rompidas em processos de alisamento feitos com tioglicolato de amônio ou com cremes alcalinos que tenham pH acima de 10).

tivesse para ir, tinha que fazer isso", ela recorda. Numa noite, acabou dormindo antes de tirar a "touca" e acordou apenas no dia seguinte. "Na hora que eu fui virar o cabelo para o outro lado, quem disse?". Doía tanto que hoje, ao se lembrar da cena, minha mãe ri e diz que era como se suas "células capilares" estivessem gritando.

Somente na década de 1950 surgiram, no Brasil, os primeiros alisantes químicos[10], feitos a partir de soda cáustica. Com o passar das décadas, outras substâncias passaram a compor esse tipo de produto, como outros hidróxidos (de lítio, cálcio, potássio, magnésio), alisantes à base de tióis (tioglicolato de amônio, por exemplo) e formaldeído (ou formol). Todos esses alisamentos modificam conformações das ligações químicas do fio, muitas vezes de forma irreversível, como é o caso de escovas progressivas, selagens, escovas definitivas e a maioria dos relaxamentos.

A capacidade de alisantes químicos agirem profundamente no fio do cabelo não significa que esses procedimentos sejam definitivos. Segundo o volume XIII da *Revista Eletrônica de Farmácia*, publicada pela Universidade Federal de Goiás (UFG), o cabelo é a única estrutura do organismo que se renova totalmente e qualquer procedimento que altere sua forma ou textura é temporário. "Esse tipo de alisamento altera apenas a haste do cabelo, não afetando a parte viva que se encontra no bulbo, inserida na derme do couro cabeludo. Isso significa que o alisamento não afeta o novo cabelo que ainda está por nascer." Sendo assim, pessoas que alisam seus

---

[10] O primeiro alisante químico documentado foi criado em 1909 pelo afro-americano Garrett Augustus Morgan. A criação do produto foi acidental e ocorreu quando Garret buscava uma solução que aliviasse o atrito da máquina de costura em sua recém inaugurada alfaiataria. Ele reparou que os tecidos ficavam retos com a solução e, após fazer um teste no pelo de um cachorro, testou em si mesmo. Com o sucesso do creme, ele estabeleceu a GA Morgan Cabelo Refining Company e começou a vender o seu produto para pessoas negras.

cabelos costumam repetir o alisamento na raiz conforme ela cresce. Em alguns casos, a cada três meses.

Apesar de os anos 1970 terem sido um período de valorização do cabelo natural crespo, por conta de movimentos como *Black is Beautiful*[11], o assunto só se popularizou com maior intensidade a partir dos anos 2010, por conta da internet. Nesta época, em que o Brasil vivia notável efervescência política, pessoas entraram em contato com assuntos que as fizeram refletir e, posteriormente, gerar mudanças na sociedade.

Com a transição capilar não foi diferente, visto que, a partir de um movimento que se amplificou na internet, discussões acerca de cabelos cacheados e crespos se difundiram, modificando a percepção que algumas pessoas tinham de si mesmas e alterando, até mesmo, a oferta do mercado de cosméticos. "A transição capilar veio muito influenciada pelos movimentos norte-americanos", explica a mestra em Antropologia Lídia Matos, autora da dissertação *Transição capilar: cabelos, consumo e interseccionalidade no ciberespaço*, defendida na Universidade Federal de Sergipe (UFS). "Demoraria muito tempo para a gente trazer essa ideia para o Brasil se não fosse a internet, se não fossem também as *influencers* – na época blogueiras – que entendiam inglês. A internet trouxe uma difusão de informação que realmente não havia. Quem era a pessoa que usava cabelo crespo e cacheado em 2010?".

A revalorização massiva desses tipos de cabelo fez com que entre 2013 e 2017 as buscas no Google por "cabelos cacheados"

---

[11] *Black is Beautiful* foi um movimento cultural iniciado na década de 1960 por afro-americanos, nos Estados Unidos, que encorajou pessoas negras a valorizarem suas características físicas. Atribui-se a autoria da frase ao abolicionista John Swett Rock, que a teria proferido em um discurso nos anos 1858. Entretanto, é incerto que ele tenha de fato dito essa expressão. Em todo caso, a ideia presente em sua fala se difundiu nas lutas antirracistas e do movimento pelos direitos civis dos Estados Unidos. Posteriormente, a frase foi reapropriada pelo movimento liderado por Steve Biko, na África do Sul, e chegou ao Brasil pelo Movimento Black Rio.

crescessem 232% e ultrapassassem, pela primeira vez, as buscas por "cabelos lisos". Esses dados foram levantados por uma pesquisa realizada pelo *Google BrandLab*, intitulada "A Revolução dos Cachos", que também apontou crescimento de 55% na procura por "transição capilar" no mesmo período.

Dar nome ao fenômeno de parar de alisar os cabelos contribuiu para que o movimento, hoje difundido diariamente na internet, nascesse. *Transição capilar* se tornou palavra-chave de uma busca que se iniciava no Google e terminava, muitas vezes, na cadeira de um salão de beleza.

Eu queria ver como era o meu cabelo de verdade

*boa parte do olhar é curiosidade. há quem considere coragem,
as crianças sorriem. o volume faz parte, perder o receio e ocupar
espaço, é por isso que há poder em seu nome*

*e embora hoje transição seja a palavra
há um tempo era assumir
repare a estranha necessidade
de quem se apropria do que sempre foi seu.*

(Talvez precisemos de um nome para isso, Stephanie Borges)

  Nas mãos da manicure sentada perto da porta, vidrinhos de esmalte tilintavam com delicadeza. Trin trin. Vozes entoando receitas de salada para a ceia e combinações de roupas para a virada do ano cruzavam sem ordem pelo cômodo. No ar, o cheiro de acetona se misturava ao dos cremes de proteção térmica aplicados nos cabelos antes da escova quente.

  Sentada na cadeira giratória, Luanna ouviu o *tec* da cabeleireira abotoando a longa capa em seu pescoço. Horas antes, a garota nem imaginava que mudaria o cabelo. Eram férias de verão e ela vivia dias tranquilos em Maceió, com os avós, quando duas primas lhe convidaram para ir ao salão de beleza. Faltavam poucos dias para a virada do ano e as duas desejavam mudar o visual. Luzes e retoque de progressiva, disseram. Como não havia nada mais interessante para aquela tarde, Luanna aceitou o convite, disposta apenas a fazer companhia.

O ambiente lhe era familiar. Durante parte da infância e por toda a adolescência, Luanna havia frequentado salões como aquele para alisar seus cabelos. Daquela vez, entretanto, o objetivo não era esse. Fazia oito meses que ela não alisava mais os cachos porque, em suas palavras, tinha decidido ver como era seu cabelo de verdade.

Foram meses que lhe exigiram criatividade para conviver com duas texturas capilares: a parte alisada descia lentamente conforme a parte natural, cacheada, nascia. Para disfarçar a diferença, Luanna prendia metade do cabelo e passava *babyliss*[1] na parte alisada. Executava, também, técnicas que havia aprendido com "a senhora internet", como ela diz. Uma delas era o *plopping*, que consistia em desembaraçar o cabelo, dividi-lo em pequenas mechas, passar bastante creme em cada uma delas, amassá-las de baixo para cima, enrolar tudo em uma camiseta de algodão e aguardar secar. O cabelo ficava todo ondulado, mas ainda era necessário finalizar com o *babyliss* nas pontas para dar um ar mais natural e disfarçar o que havia restado da escova definitiva.

Foi assim que Luanna acompanhou o nascimento dos fios naturais que surgiam lentamente em sua cabeça, uma textura capilar da qual não se recordava. Seu intuito era esperar o máximo de tempo antes de fazer o *big chop*, nome do corte que retira todo o cabelo alisado – também chamado de "grande corte". Esse momento costuma ser narrado como libertador, um reencontro consigo mesma.

---

[1] *Babyliss* é um aparelho elétrico de metal em formato circular que, ao aquecer, cria ondas e cachos no cabelo.

Entretanto, há mulheres que, apegadas ao comprimento de seus cabelos, preferem esperar o máximo de tempo antes de passar por essa etapa. Assim, estando os fios grandes o suficiente, o resultado costuma não ser um cabelo tão curto.

Esse apego ao comprimento dos cabelos é explicado no livro *Minha História das Mulheres*, da historiadora Michelle Perrot. A partir de uma análise da história da arte, a autora mostra que mulheres costumavam ser retratadas, pelos mais famosos pintores, com ênfase em suas longas cabeleiras. São citados artistas do Renascimento, como Boticelli e Tintoreto, impressionistas e, também, o *art noveau*, movimento artístico que fez dos cabelos das mulheres elemento essencial da decoração das cidades que eram pintadas nas obras.

Não é necessário abrir livros de arte, no entanto, para observar a valorização de cabelos longos. Basta digitar "tinta para cabelo" no Google e você vai se deparar com várias caixas estampadas com fotos de mulheres de cabelos compridos e brilhosos. Mesmo que a parte alisada de um cabelo em transição capilar – muitas vezes ressecada e quebradiça – não seja igual aos cabelos apresentados nessas caixas, ou mesmo nas pinturas renascentistas, costuma ser angustiante se desfazer dela. Em seu livro, Michelle Perrot escreve que "a perda dos cabelos é particularmente sensível para as mulheres por serem o sinal mais visível da feminilidade". Desse modo, arrancar pela raiz ideias tão antigas da própria mente exige, antes de mais nada, disposição. Em seguida, paciência.

Na tarde que entrou no salão, aos 19 anos, Luanna não tinha interesse em fazer o *big chop*. Porém, influenciada pelo desejo de mudança que as primas queriam ver em seus próprios cabelos, sentiu vontade de mudar um pouquinho. Desejava cortar apenas as pontas dos cabelos, sem que o resultado interferisse no comprimento, o que deixou explicado para a cabeleireira antes de tirar os óculos e aguardar o procedimento. "Eu tenho sete e meio de miopia", Luanna me conta, do outro lado da mesa da cafeteria onde tomamos chá, e eu fico sem entender o motivo daquela informação.

Segundos depois, compreendo.

"Meu cabelo era aqui", explica, apontando um pouco abaixo dos ombros. "E ela [a cabeleireira] cortou tudo, toda a química." A justificativa dada pela profissional era a de que o cabelo ficaria muito feio se ela mantivesse parte dos fios alisados. Foi assim, por decisão de outra pessoa, que Luanna passou a ter os cabelos na altura das orelhas. Sua reação foi instantânea: começou a chorar ali mesmo, sentada de frente para uma imagem que em nenhum momento havia concordado em refletir no espelho.

Dentro do carro, no caminho de volta, permaneceu chorando. As primas tentaram lhe consolar com palavras carinhosas, mas seus cabelos recém alisados e tingidos ofuscavam o efeito do que era para ser um conforto. Pior foi quando Luanna chegou à casa de uma delas, onde estavam os avós. A primeira reação foi do avô, que se assustou quando ela abriu a porta do quarto:

— Que cabelo horroroso é esse?

Quando criança, Luanna logo aprendeu que ter um cabelo como o seu significava sentir dor. Filha de um casal interracial, foi criada pela mãe, mulher branca de cabelos lisos e loiros, em quem, diante das diferenças físicas, nunca se viu. "Tudo o que eu não gostava em mim vinha da parte do meu pai. Eu sabia que eu não era parecida com a minha mãe." Assim como várias meninas da sua idade, crespas e cacheadas, temia o momento de desembaraçar os fios. "Sempre que penteava era um chororô danado." A mãe, incumbida da tarefa, esbanjava criatividade na elaboração dos penteados. "Ela fazia esse aqui", Luanna conta, enquanto enrola uma mecha de cabelo bem firme, rente à raiz, simulando um desses penteados, rolinhos cheios de borboletinhas. "Ou então, rabo de cavalo. Só que não era qualquer rabo de cavalo, como minhas amigas tinham. Não. Tinha que pegar com a *escova*", enfatiza essa última palavra com força ao simular o outro penteado puxando a raiz do cabelo, "para deixar bem reto e prender lá em cima." Até os dez anos de idade, Luanna não sabia pentear o próprio cabelo. "Era toda uma batalha."

O cuidado de cabelos cacheados e crespos costuma ser associado a um cenário de guerra, e não é por acaso. É comum ouvir que ter esse tipo de cabelo "dá muito trabalho". Não à toa, várias mulheres fazem seu primeiro alisamento com o intuito de *controlar* os fios, *facilitar* o cuidado, deixar o cabelo mais *fácil de lidar*. Em seu livro *Sem perder a raiz*, a doutora em Antropologia Social pela Universidade de São Paulo (USP) Nilma Lino Gomes, ex-ministra das Mulheres, da Igualdade Racial e dos direitos Humanos do governo de Dilma Rousseff, reflete sobre a expressão "lidar com o cabelo". Ela afirma que, no contexto das relações sociais capitalistas, o termo "lida" é associado ao trabalho, que é visto como um fardo. Para o negro, esse fardo faz parte de uma história ancestral e remete à exploração e à escravidão. "No regime escravista, a 'lida' do escravo implicava trabalhos forçados no eito, na casa-grande, na mineração. Implicava, também, a violência e os açoites impingidos sobre o corpo negro."

Criou-se, portanto, a ideia de que alisar os cabelos significava romper com uma difícil batalha – que, por sua vez, só é difícil porque nos fizeram acreditar nessa narrativa. O que não nos avisaram, entretanto, foi que alisar nossos cabelos pela primeira vez nos conduziria a um novo combate, do qual seria bem mais difícil sair.

"Doía para pentear, então eu achava que, se alisasse, ia ser mais fácil."

Luanna tinha oito anos quando seu cabelo recebeu o primeiro alisamento químico, um relaxamento feito à base de tioglicolato de amônio. Em suas palavras, "fedia, ardia". A iniciativa partiu da avó paterna, que também alisava e permanece alisando os cabelos até o momento em que escrevo este livro.

O procedimento foi feito em um salão de bairro, perto da casa da avó. Desse dia, Luanna lembra pouca coisa, além de ter reclamado do cheiro e achado muito chato ficar tanto tempo sentada, esperando o alisamento acabar. "Quando a gente é criança, a gente aprende que mulher sofre para ficar bonita." Hoje, ela associa o incentivo da avó a uma tentativa de protegê-la do racismo.

Por conta do novo cabelo, Luanna se viu impedida de fazer coisas que outras crianças faziam sem preocupação. Indignava-se com as várias regras que se viu obrigada a seguir depois do primeiro alisamento. "Como assim eu não posso lavar o cabelo todo dia?", questionava. Ir à praia ou brincar sem se preocupar com os cabelos, a partir de então, deixou de ser permitido.

Anos mais tarde, prestes a começar a quinta-série do colégio, deixou Fortaleza, cidade em que havia nascido, e mudou-se com a família para Florianópolis. Seu maior medo era estudar em uma escola onde não houvesse alunos negros, o que refletiu diretamente em seus cabelos: mesmo relaxados por produtos químicos, não pareciam lisos o suficiente para encarar a nova realidade. Dias antes de se mudar, Luanna alisou o cabelo, dessa vez com escova progressiva, aquela com formol.

Para uma garota como a que a gente um dia foi, o limite do alisamento sempre podia ser superado. É quase como trocar o modelo de celular antigo por um mais moderno: precisa mudar para um mais potente. No caso do alisamento capilar, surgiam nas propagandas promessas de alisantes mais fortes e mais naturais, uma contradição tão nítida como "subir para baixo". Porém, determinadas a ter o cabelo que os outros achavam bonito, a gente não ligava para contradições. Nem reparava. De repente, a progressiva ficava ultrapassada. Era preciso alisar mais sem parecer que tinha alisado. A gente queria ficar com cara de quem nasceu de cabelo liso.

Na nova turma de Luanna havia outra aluna negra, com cabelos mais crespos e volumosos que os seus. Porém, ver a menina sofrer com comentários racistas dos outros alunos afastava de Luanna a ideia de um dia parar de alisar os cabelos. "Nunca vi como opção deixar o meu cabelo cacheado enquanto eu estava na escola." Em seis anos, não houve outra aluna com cabelos parecidos com os seus naturais na sala de aula.

Aos quatorze anos, Luanna abandonou a progressiva e passou a fazer escova definitiva. "E mesmo assim, eu ainda não sentia que aquele era o meu cabelo dos sonhos porque de três em três meses eu tinha que fazer a raiz. A ponta ficava reta, então eu sentia que todo mundo sabia que não era o meu [cabelo]." Por mais que na época se esforçasse para acreditar, Luanna hoje sabe que nunca se passou por uma garota com cabelos naturalmente lisos.

Relaxamento com amônio. Escova progressiva com formol "para ter sempre cabelo liso, e não só onduladinho". Não é suficiente. Precisa alisar mais. Escova definitiva com "formol e alguma coisa", queimaduras e descamação no couro cabeludo, cabelo esticado até as pontas... Um cabelo que era seu, porém não era...

Chega de alisar.

— Que cabelo horroroso é esse?

Ao ouvir o questionamento do avô, Luanna sentia as palavras congestionarem na garganta, incapazes de formarem sentido. Ainda aos prantos, só conseguia concordar. A avó, que também estava no quarto, tentou amenizar a situação elogiando o novo visual da neta, mas nada foi capaz de animá-la.

— Em ano bissexto sempre acontece uma desgraça — continuou o avô. — Tá quase acabando o ano e cê me faz uma dessas.

Naquela mesma noite, Luanna tentou alisar os cabelos com a chapinha, mas estavam curtos demais. "Eu estava me sentindo muito estranha, com cara de pirralha... Menos mulher." A única parte que conseguiu pranchar foi a franja, que permaneceu alisando por cerca de um ano. Esticar aquele pedacinho de cabelo rente à testa, por todos aqueles meses, era como um grito numa sala minúscula e escura. Seu restinho de chance de ser aceita.

Foram meses de muita paciência até o cabelo chegar a uma altura que ela considerasse razoável. Paralelamente ao crescimento do tão esperado "cabelo de verdade", Luanna se formou historiadora e passou a estudar questões raciais com dedicação. Em seu perfil no Instagram, escreve textos e grava vídeos sobre história e livros, difundindo conhecimento acadêmico de forma fluida e didática. Em uma das publicações, a historiadora fala sobre o filme *Hair love*, vencedor da categoria de melhor curta-metragem de animação do Oscar em 2019. Para explicar o assunto da valorização do cabelo cacheado e crespo – tema retratado no curta –, Luanna compartilha um pouco da sua história. "Atire o primeiro pente a cacheada/crespa que nunca pensou que ter cabelo liso seria muito mais fácil. E não é só por uma questão de padrão de beleza, mas porque assim a gente se sentiria mais 'normal' de acordo com o que a gente vê na mídia, para passar despercebida e evitar milhões de apelidos."

Hoje, oito anos após o *big chop*, Luanna mantém os fios tingidos de ruivo acobreado. No Instagram, além dos conteúdos didáticos, há fotos suas com o cabelo solto e armado, preso em coque, trançado, amarrado de lado. Quando nos encontramos pela primeira vez, em outubro de 2019, seus cachos estavam na altura do busto. Meses depois, Luanna publicou uma foto com os cabelos cortados um pouco acima dos ombros e franja, dessa vez cacheada. Na legenda, ironia: "'Não dá para cortar franja em cabelo cacheado'. Ah é?".

A segurança conquistada com o passar dos anos, porém, demorou a constituir sua personalidade. Ao retornar das férias de verão, dias após o *big chop* não planejado, Luanna foi recepcionada no aeroporto de Florianópolis pelo, na época, namorado. Como não havia lhe enviado fotos do novo corte, ela não sabia qual seria a reação dele ao encontrá-la na área de desembarque. Quando viu a garota sair com as malas em mãos, o rapaz começou a rir e disse, antes mesmo de abraçá-la: "você tá parecendo aquela negona do Tom e Jerry". Percebendo que a namorada havia se incomodado com o teor do comentário, tentou consertar abraçando-a e dizendo que estava *tudo bem*, que só era *diferente*. Tempos depois, ele deixou o cavanhaque crescer, algo que Luanna não gostou, mas que manteve em silêncio. Ela se achava tão feia naquela época que sentia que não tinha o direito de apontar algo que considerasse feio nele. "Foi meio que um clique na cabeça dele", ela conta, estalando os dedos, referindo-se à recepção no aeroporto. Era como se, naquela manhã, ele tivesse descoberto que a namorada era, todo esse tempo, uma mulher negra. Seis meses depois do *big chop*, terminou com ela.

A feiura atribuída ao novo cabelo foi alimentada diariamente por comentários de pessoas que, sem motivo algum, achavam que tinham direito de dar pitaco naquela mudança. Aquilo que antes ninguém notava passou a ser o centro das conversas. Alguns comentários, inclusive, se repetiam: usar lenço no cabelo, agora não mais alisado, a deixava "com cara de empregada".

Desde criança, Luanna sabia que não era branca. Porém, a falta de conhecimento sobre racismo, algo que só veio suprir durante a faculdade de História, impedia que ela se visse como negra. Viveu até aquele momento nessa espécie de "não-lugar", como ela denomina. Depois que assumiu os cabelos naturais, não coube mais a ela decidir o que era: o mundo ao seu redor se encarregou dessa tarefa.

Tornar-se negra

> *"A descoberta de ser negra é mais do que a constatação do óbvio. (Aliás, o óbvio é aquela categoria que só aparece enquanto tal depois do trabalho de se descortinar muitos véus.) Saber-se negra é viver a experiência de ter sido massacrada em sua identidade, confundida em suas perspectivas, submetida a exigências, compelida a expectativas alienadas. Mas é também, e sobretudo, a experiência de comprometer-se a resgatar a sua história e recriar-se em suas potencialidades."*
>
> (***Tornar-se Negro***, **Neusa Santos Souza**)

Em frente à igreja da pacata cidade de Piranga, no interior de Minas Gerais, um carro diminui a velocidade até parar. Na praça em frente, pessoas observam atentas a noiva que desce do veículo. O motivo dos olhares curiosos não é o vestido, nem o buquê, nem mesmo o carro: o que desperta o interesse dos observadores é o cabelo da moça.

— Quando eu idealizei meu casamento, decidi que eu queria ser eu mesma — conta Renata, em nossa conversa feita por videochamada, um ano depois de se casar. — Eu não queria ser uma noiva que as pessoas vissem entrando na igreja e pensassem "nossa, nem parece ela". Então, a primeira coisa que eu pensei foi que eu queria casar de cabelo cacheado e curto.

Apesar de optar por uma cerimônia tradicional, Renata valorizou detalhes que refletiram sua autenticidade, dentro dos quais habitavam significados maiores. A dedicação se apresentou em pequenas escolhas, dos prendedores de guardanapos feitos pela sogra à preferência por girassóis para a decoração da festa, flores que a noiva me conta não serem comuns em casamentos.

Com sua aparência não foi diferente. Renata desejou viver aquele dia, que em breve se transformaria em uma bonita memória, com o cabelo que só conseguiu valorizar cinco anos antes de subir ao altar.

— Eu comecei a minha transição em novembro de 2014. Meu cabelo era bem comprido, na cintura, bem liso, com franja aqui — conta Renata, do outro lado da tela, apontando para as sobrancelhas. — Era muito visível como a minha cara era oprimida com aquele cabelo. Parecia que eu estava em um escafandro. O corte de cabelo me fez virar borboleta — fala, referindo-se ao *big chop*, realizado no mesmo ano.

Na época, com medo de reduzir demais o comprimento, Renata decidiu cortar o cabelo na altura dos ombros, a parte da frente maior que a de trás. Oito meses depois, no dia 02 de julho, data que diz lembrar por ser uma ferrenha professora de História, cortou todos os fios alisados.

— Eu cansei daquele cabelo com trezentas texturas que eu não sabia mais arrumar, em que eu não me via.

Acompanhar blogueiras que falavam sobre o assunto na internet fortaleceu sua vontade de retomar os cabelos naturais. Para se livrar dos fios alisados, Renata foi ao mesmo salão que frequentava desde a adolescência, onde inclusive havia alisado o cabelo por uma década: o salão da Cida.

— Eu disse à cabeleireira: "Tira toda a progressiva, mesmo que eu fique careca". O resultado foi um cabelo bem curto, quase rente à cabeça. Para mim foi libertador porque eu estava vendo um cabelo que eu não conhecia mais. Eu me senti corajosa. Foi uma metáfora para o meu recomeço de vida.

Renata foi uma criança que não se achava bonita porque era a única negra dentre várias brancas em seu círculo de convívio.

— As minhas amiguinhas da escola diziam que as minhas filhas [bonecas] eram todas adotadas porque eram brancas e eu não. Elas cuspiam em mim. Eu não me afastava dessas amizades porque, primeiro, eram as únicas que eu tinha e, segundo, porque eu não sabia o que aquilo significava.

Na adolescência, fazer escova depois de lavar os cabelos se tornou obrigação antes de qualquer evento, dentro e fora do colégio.

— Eu me sentia horrorosa porque meu cabelo ficava todo esticado, esquisito, e não tinha nada a ver com quem eu era. — Nesse período, Renata sentia que alisar o cabelo sem produtos químicos não era suficiente para que ela se tornasse uma garota bonita. — Eu sempre fui a menina negra que acompanhava as amigas brancas e em quem ninguém nunca chegava no rolê. Na minha cabeça, eu era feia e por isso que ninguém queria ficar comigo.

A escova progressiva entrou em sua vida aos dezesseis anos. Para Renata, foi revolucionário, porque finalmente pôde ter um cabelo, em suas palavras, "com aspecto natural esticado". Porém, para obter aquele resultado, ela descobriu que precisaria enfrentar muita dor.

— Dor mesmo, física, na hora de usar os produtos. Coçava muito, o cheiro era muito forte, eu tinha alergia. Com o passar do tempo, meu cabelo ficou extremamente ralo.

Foram dez anos fazendo escova progressiva. Seis anos antes da cerimônia em Piranga, Renata, aos vinte e seis, casou pela primeira vez. Foi quando uma vontade tímida de voltar aos cachos surgiu. O medo da rejeição, entretanto, superou a determinação em passar pela transição capilar.

— Meu ex-marido era, por incrível que pareça, racista. Ele era um homem branco, loiro, dos olhos verdes. Eu queria muito assumir meu cabelo cacheado, mas ele me dizia que eu já era feia com o cabelo liso e que, se eu ficasse com cabelo cacheado, ficaria pior ainda.

Cinco meses depois, Renata terminou o relacionamento.

— Depois desse término, eu resolvi que eu precisava de mim. Eu já era formada em História e, como eu queria deixar esse passado para trás, a primeira coisa que eu fiz foi o *big chop*.

No dia do segundo casamento, quem preparou seus cabelos foi Cida, a mesma cabeleireira que cortou todos os fios alisados anos antes. Renata fez questão de levá-la ao salão onde teria seu dia de noiva, ao que a dona do estabelecimento não se opôs.

— A Cida faz parte da minha história. Ela estava na progressiva, estava no pós-progressiva. Eu queria alguém que me conhecesse.

Apesar de ter sido orientada pela profissional, Renata se lembra com nostalgia da autonomia que teve sobre o próprio corpo naquela tarde. Foi ela quem lavou os cabelos, com xampu e condicionador indicados por Cida.

— Eu participei do processo de um dia muito importante. Não me dei na mão das pessoas para que elas fizessem o que elas queriam. Da maquiagem ao cabelo, eu tive uma participação ativa.

Ao chegar ao salão com os cabelos úmidos e decretar que o penteado seria feito sem escova ou chapinha, a noiva percebeu que havia deixado a dona do lugar confusa.

— Ela ficou meio abismada, porque lá é tudo muito tradicional nesse sentido. É difícil você ver alguém de cabelo igual ao meu andando na rua.

Renata foi a primeira noiva cacheada da cidade. Hoje, sua foto está no catálogo do salão onde se preparou e é referência para outras noivas que também escolhem casar de cabelo natural.

— Quando eu saí do carro, foi muito engraçado. As pessoas aplaudiram porque pensaram que eu fosse famosa.

A admiração persistiu inclusive entre os convidados. As crianças que foram à festa acharam que Renata fosse uma princesa e pediram para tirar foto com ela.

— Uma princesa negra. Uma referência que eu não tive na infância.

Assumir os cabelos naturais não modificou apenas os olhares que outras pessoas tinham sobre Renata: mudou também a percepção que ela tinha de si. Antes de parar de alisar os cabelos, ela não se via como mulher negra, apesar de se reconhecer, em suas palavras, como uma pessoa "não-branca".

— Fazer progressiva me dava uma visão muito maior de que eu não era negra, entende? Mas eu também sabia que eu não era branca porque eu sofria coisas, olhares, enfim, julgamentos que não são vividos por pessoas brancas.

Renata conta que a consciência racial foi proporcionada tanto pela transição capilar como pelos estudos que realizou na universidade onde cursou História.

— Eu estudei disciplinas de História da África porque eu quis, na época não era obrigatório. Foi muito bom porque eu comecei a ver pessoas negras falando coisas que eu também já tinha passado. Então, eu falei "pera aí, tá acontecendo alguma coisa aqui que eu não sabia". E mais ainda quando eu comecei a dar aula, porque passei a estudar autores e autoras que falavam de coisas que eu sabia muito bem na pele como era, mas que eu não sabia teorizar.

A experiência de Renata é um exemplo de como a transição capilar abre caminhos para outras discussões que geram mudanças palpáveis na sociedade. Foi o que a mestra em Antropologia Lídia Matos, que estudou sobre o assunto em sua dissertação, aprofundou durante a conversa que fizemos por videochamada. Ela me contou que viu muitos estudos acadêmicos, de diversas áreas do conhecimento, sendo produzidos por pessoas negras que utilizaram a transição capilar como ponto de partida. Na área da educação, por exemplo, professores e professoras que vivenciaram a transição capilar começaram a falar sobre relações étnico-raciais em sala de aula.

— Se a transição não estava diretamente na análise, estava na vida do pesquisador, que começou a perceber essas questões a partir de suas relações com seus cabelos — conta Lídia.

A pesquisadora explica que a mudança de percepção racial que ocorreu na vida de Renata é comum entre mulheres que param de alisar seus cabelos e ressalta que, mesmo quem faz alisamento, não deixa de ser negro.

— No Brasil, a nossa construção identitária é muito fenotípica. A transição capilar lhe joga na cara essa realidade, tipo "olha aqui, você vai ser marcado racialmente independentemente de você querer ou não" — explica Lídia. — O cabelo é visível. Não tem como você negar ou suprimir. Tem como mudar, mas, ainda assim, você continua sendo vista como negra. E vai ser considerada uma mulher negra que quer se passar por branca, mas que nunca será branca.

A dissertação de mestrado de Lídia Matos, intitulada *Transição capilar: cabelos, consumo e interseccionalidade no ciberespaço*, foi defendida em 2017, na Universidade Federal de Sergipe. O interesse pelo tema surgiu da sua própria experiência com a transição capilar, algo que não estava previsto que ela compartilhasse comigo em nossa conversa, mas que naturalmente foi sendo narrado pela entrevistada.

Na infância, Lídia implorava para que os pais a deixassem alisar o cabelo. Nada contentes com a ideia, eles adiaram o quanto puderam. "Pelo menos Lídia tem que passar dos dez", afirmavam.

— Minha mãe era a pessoa que me colocava entre as pernas e fazia cachinho por cachinho com pente fininho. Quando eu me esperneei, chorei, morri, disse que ia perder a vida se não relaxasse o cabelo (porque realmente para mim era uma questão de vida ou morte), a gente fez o relaxamento.

O produto que usou nas primeiras vezes que relaxou os fios foi o da marca Tóin, que tinha como objetivo reduzir o volume e definir os cachos, não alisar. Em outras palavras, transformar cabelos crespos em cacheados.

Aos doze anos, Lídia insistiu que a mãe a levasse ao salão para fazer um alisamento mais forte. O novo procedimento causou queimaduras de segundo grau em seu couro cabeludo.

— Era realmente aquelas bolhas de descer o líquido, de tão estourado que ficava. E eu ouvia que, para ficar bonita, sofre, porque é assim mesmo, porque seu cabelo é muito duro. — Lídia associa as queimaduras de alisamentos às torturas vividas por pessoas negras na época da escravidão, que sofriam mutilações feitas com objetos em altas temperaturas. — Eu não cheguei a ter perda de cabelo, mas ele ficava muito grudado. Eu não conseguia descolar do couro cabeludo, das feridas.

Assustada com o resultado, a mãe de Lídia decidiu que ela mesma continuaria a alisar os cabelos da filha, em casa. Optaram por um produto considerado mais leve, hidróxido de amônio. E foi com ele que Lídia alisou os fios, até que, aos vinte e dois, mudou-se de Aracaju para São Paulo, onde foi estudar por um ano. Na ausência de profissionais de sua confiança, resolveu parar de alisar.

Nesse período, as referências na internet contribuíram para que Lídia mantivesse a decisão. A amiga com quem morava lhe apresentou o canal da blogueira Rayza Nicácio, uma das pioneiras a falar sobre transição capilar no YouTube. Aos poucos, Lídia conheceu outros canais e foi aprendendo a cuidar do próprio cabelo, aguardando o crescimento dos fios naturais.

Cortar os cabelos não era problema para Lídia, que sempre manteve os seus na altura dos ombros. Porém, como frequentava uma igreja evangélica onde não era permitido ter cabelos curtos, precisou ser criativa. Junto a uma colega que também passava pela transição, a pesquisadora pensou em alternativas.

— Era uma grande questão cortar o cabelo mostrando o pescoço. Então, a gente fazia um corte chamado "engana pastor", que era deixar mais curto atrás e mais comprido na frente. Assim, a gente ia tirando aos poucos a química da parte de trás.

Quando voltou a Sergipe, quase um ano depois de iniciar a transição, Lídia não ouviu comentários agradáveis a respeito do seu novo cabelo.

— Foi *o choque* — ela lembra, enfatizando a palavra.

Na época, estando prestes a se formar na faculdade, as pessoas perguntavam "você não vai fazer nada nesse cabelo?" e ela respondia "sim, passar creme e fazer fitagem", referindo-se ao procedimento de passar creme em mechas finas, enrolá-las com os dedos e apalpá-las de baixo para cima, modelando os cachos. A partir de então, Lídia passou a ouvir comentários de pessoas que ela nem conhecia. "Qual o problema? É falta de dinheiro? Eu pago para você relaxar o cabelo."

Por conta da reação negativa e de episódios estranhos a ela, reflexões sobre questões raciais, que até aquele momento não haviam sido realizadas, surgiram em sua mente. Assim como Renata, Lídia se descobriu negra após vivenciar a transição capilar.

— Caiu a ficha num dia em que eu estava num grupo, assim, distante, e alguém falou: "ah, fulano de tal, ali perto daquela neguinha". E a neguinha era eu.

O autoconhecimento gerado pela transição, segundo Lídia, não apenas fortalece a identidade das mulheres negras como lhes devolve a autonomia sobre seus corpos.

— Uma das coisas que me fascina no movimento de transição capilar é você ter oportunidade de cuidar do seu cabelo de forma independente, muitas vezes pela primeira vez, como foi o meu caso: antes, eu sentava na cadeira da cabeleireira e ela fazia meu cabelo. Eu nunca tocava no meu cabelo. Eu nunca pensava em que creme comprar para o meu cabelo, porque não era meu. Eu estava, de algum modo, alienada do meu corpo.

Para mostrar como essa alienação de si é histórica no Brasil, Lídia pontua que, na época da escravidão, pessoas negras eram consideradas peças, não corpos.

— Eram esses os termos utilizados para falar sobre as pessoas negras, que não eram nem pessoas, eram posses, posses de alguém.

A pesquisadora explica que essa ideia faz com que, atualmente, corpos de pessoas negras sejam, no imaginário coletivo, considerados máquinas, peças desprovidas de humanidade. Nesse sentido, Lídia acredita que o autoconhecimento gerado pela transição capilar contribui para uma nova percepção sobre si.

— Você olha para o seu cabelo e acaba olhando para o resto

do corpo. Mais do que falar de cabelo e de produto, a gente construiu um conhecimento sobre corpos negros.

Clarice encontra Clarice

"O olho do sol batia sobre as roupas do varal e mamãe sorria feliz. Gotículas de água aspergindo a minha vida-menina balançavam ao vento. Pequenas lágrimas dos lençóis. Pedrinhas azuis, pedaços de anil, fiapos de nuvens solitárias caídas do céu eram encontradas ao redor das bacias e tinas das lavagens de roupa. Tudo me causava uma comoção maior. A poesia me visitava e eu nem sabia…"

(*Poemas da recordação e outros movimentos*, Conceição Evaristo)

Quando menina, Clarice não tinha dinheiro para comprar brinquedo. Por suas mãos pequeninas fluía uma criatividade genuína e a própria garota inventava coisa para brincar. Era especialista em fazer boneca de milho verde. A palha virava o corpo, o cabelo vinha pronto: amarelo, rosa, vermelho, branco. Dava para fazer tudo quanto era penteado e a menina passava tardes trançando aqueles fios coloridos, cortando, balançando. Fios que, no fundo, desejava que fossem seus.

Clarice nasceu em 1976. Filha de um casal interracial, cresceu acreditando que havia herdado do pai, negro, todas as características ruins. O cabelo era uma delas. Logo cedo, aprendeu a rejeitar seus fios crespos e admirar o cabelo da sobrinha, três anos mais nova. Aquele, sim, era bonito. Loiro escorrido.

— Todas as atenções da casa e das pessoas em torno eram para ela, porque o resto eram tudo menininhas negras como eu — me conta Clarice, hoje aos 45 anos, do outro lado da tela do computador. Ela lembra que, naquela época, gostava de botar paninhos na cabeça para fingir que eram cabelos.

Dezessete pessoas viviam debaixo do mesmo teto, em um terreno de várias casas parecidas. Em cada uma das rústicas construções, numerosas famílias dividiam o sustento de longos dias de trabalho na roça, no interior do Paraná. O dono da fazenda era patrão de todas elas, inclusive dos pais de Clarice, e vivia na casa maior, a "casa da sede".

Durante o dia, os irmãos de Clarice trabalhavam na lavoura de café com o pai e as mulheres faziam trabalho doméstico com a mãe. Encarregada dos cuidados com as crianças, uma das irmãs mais velhas era quem acordava os pequenos, dava café e os arrumava.

— Era muita gente para pentear, e a gente louco para ir para a rua brincar.

Toda manhã, um puxa-puxa incansável. Com a escova firme em mãos, a irmã desembaraçava fios das mais variadas texturas. Cabelos como os de Clarice requisitavam dela um objetivo maior que o de pentear: era preciso prendê-los bem rente à cabeça, como se os escondesse do mundo.

No desembaraçar, as crianças sentiam dor. Concentrada na tarefa, entretanto, a irmã dizia frases que hoje Clarice me conta rindo. Através de seus olhos, que observo pela videochamada, percebo uma tentativa de amenizar, por meio do riso, a potência do que lhe era dito todos os dias. "Quem manda nascer com cabelo pixaim?", ela ouvia.

Em 2020, Clarice publicou um livro, sua estreia na literatura. Foi a partir dele que nos conhecemos. *Da vida nas ruas ao teto dos livros* une duas pontas distintas de sua vida, tal como Bentinho faz em Dom Casmurro, obra de Machado de Assis. Porém, os relatos de Clarice são reais. Autora e narradora, ela escreve sobre si por meio de um processo de organização de memórias até então bagunçadas, quando não quase perdidas.

No livro, descubro que, após a morte de seu pai, sua família foi expulsa da casa onde vivia por conta de questões mal resolvidas, dentre elas um coronelismo que insistia em continuar existindo em plenos anos 1980. Alguns irmãos foram viver com padrinhos, os mais velhos casaram. Restaram apenas ela e a mãe, que pararam nas ruas. Clarice tinha cinco anos.

Em determinado momento de nossa conversa, ela me conta que é "toda atrasada". Entrou na escola aos 10, deu o primeiro beijo aos 16, iniciou a graduação aos 26, casou aos 44. Lendo sua história, contudo, eu reparo que em vários momentos ela precisou se adiantar. Dos cinco aos dezenove, viveu umas oito vidas, de tanto que teve que aprender. Além de viver nas ruas durante um pedaço da infância, Clarice descobriu que o trabalho faria parte da sua rotina desde cedo. Arranjou serviço em fábrica de calçado, em casa de família. Cozinhava, passava, lustrava. Cuidava de filhos que não eram seus, crianças bem diferentes da que um dia foi.

Aos dez anos, quando ela e a mãe conseguiram uma nova casa, Clarice insistiu para voltar a estudar. Como sabia ler, foi direto para a segunda série. Às vezes se atrasava para a escola e não dava tempo de prender os cabelos, que ficavam soltos e volumosos. Junto ao uniforme velho e à ausência de material escolar, seus fios crespos eram motivo de zombaria.

— Cabelo de bombril, cabelo disso, daquilo. Inventavam mil apelidos para o meu cabelo.

As horas letivas eram período de solidão. Clarice era, na época, uma garota franzina que não tinha amigo para passar o recreio junto.

— Tinha dia que eu não estava com saco para ser excluída, então eu pedia para a professora de educação física me deixar ir à biblioteca.

Sem perceber, Clarice fez da literatura o acolhimento que lhe faltava. Chegava a ler cem livros por ano. Devorou a série Vaga-Lume e, em suas palavras, tudo o que tinha parecido com aquilo. Leu também Rubem Fonseca, Sidney Sheldon e Rubem Braga.

— Eu queria gostar de Clarice Lispector, mas eu não entendia.

Durante catorze anos de vida, sua rotina capilar se resumia em amarrar todo o cabelo.

— Ele ficava coladinho na cabeça. Se inventava de sair do lugar, era só jogar gel.

Era muita coisa para uma criança se preocupar. Não havia tempo para pensar em cabelo, mesmo que as pessoas ao redor fizessem questão de lembrá-la, o tempo todo, do quanto o seu era feio.

Aos dezenove, Clarice começou a sair à noite, viver a adolescência que não tivera. As baladas eram o destino certo dela e de uma amiga, jovens que desejavam se envolver com rapazes da mesma idade. Entretanto, o cabelo crespo era um empecilho.

Buscando sentir-se mais bonita, Clarice comprou alisante Wella Chic, sobre o qual ouvia apenas elogios. Alisou uma vez. Embora não ficasse exatamente como pretendia, gostou do resultado.

A raiz cresceu. Alisou novamente. Duas, três, quatro vezes. Por anos. Para o cabelo ficar com cara de natural, era preciso esticar bem com escova e secador toda vez ao lavar. Com os fios secos, Clarice dividia partes e pranchava uma a uma, em um processo que durava, em média, uma hora.

O produto que usava para alisar o cabelo não era dos mais baratos. Alternando as horas do dia entre estudo e trabalho em fábricas, Clarice ganhava o suficiente para sobreviver. Parar de alisar os cabelos, contudo, não era opção.

Uma tarde, dirigiu-se à farmácia do bairro e comprou o alisante mais barato que encontrou. Em casa, dividiu mechas com presilhas e iniciou a aplicação pela parte de trás. Minutos se passaram enquanto Clarice se concentrava na tarefa que parecia inacabável. Era muito cabelo para pouca mão. Tão concentrada estava que não pôde evitar o que ocorreu em seguida: os fios que tinham recebido o produto no início não suportaram e se romperam. Havia passado tempo demais.

— Eu desfaleci. Minhas pernas amoleceram, eu ia desmaiar.

— Você sentiu dor? — pergunto.

— Não. Eu senti queimar o couro cabeludo, mas é uma coisa normal quando a gente passa química, né?

Assim que recuperou as forças, Clarice correu para debaixo do chuveiro e tirou todo o produto do cabelo. A parte de trás da cabeça, careca.

Em 2002, Clarice viu seu nome na lista de aprovados no vestibular de Letras da Universidade Federal de Santa Catarina. Na época, a caloura já havia conhecido a escova definitiva. O procedimento era feito em salão, mas não apresentava resultado cem por cento satisfatório.

— Talvez funcionasse para cabelos cacheados, porque ficaria parecendo que o cabelo era liso mesmo — Clarice explica.

Após sucessivas escovas definitivas, seus cabelos enfraqueceram. Em suas palavras, ficaram detonados.

— Se eu saísse à noite e desse uma chuvinha, um neblinar, eu corria para me esconder.

Era preciso tempo livre para transformar em perfeito o cabelo alisado, protegê-lo de todas as intempéries. E tempo livre era o que Clarice menos tinha. Para se sustentar durante a graduação, trabalhava como empregada doméstica no local onde também morava. Se houvesse como desenhar o trajeto percorrido todos os dias pelos seus pés, Clarice teria um mapa que a ligaria do trabalho-casa à sala de aula, onde fazia um esforço danado para se manter acordada das 18h30 às 22h.

Apesar da dedicação acadêmica, a estudante sentia que não fazia parte daquele espaço. Não havia tempo para viver a universidade para além das aulas. Além disso, Clarice não tinha lido quase nenhum clássico e os poucos que havia lido não tinha entendido.

— Eles falavam de Édipo Rei, de Baudelaire, e eu não tinha visto nada daquilo.

Na formação dos grupos para seminários, a cena da infância se repetia: Clarice era a última a ser escolhida. Muitas vezes, era ela mesma o seu próprio grupo.

— Aí eu pensei: nossa, eu tenho que dar um jeito de me inserir. Foi quando eu coloquei trança.

As *box braids*, tranças feitas desde a raiz, unindo cabelo natural e sintético, surgiram na Namíbia há cerca de 5 mil anos. A partir da década de 1990, ganharam popularidade nos Estados Unidos e, posteriormente, no Brasil. Até hoje, são conhecidas em alguns lugares pelo nome de um dos materiais utilizados no alongamento, o *kanekalon*. Além deste, podem ser usados lã ou jumbo.

É comum que mulheres utilizem *box braids* para passar pela transição capilar. Esse, entretanto, não era o caso de Clarice. Ainda.

— Quando eu coloquei trança, eu virei uma figura *exótica* —

ela me conta, frisando a palavra final com certa hesitação, como se ressaltasse o desgosto pelo termo que tanto ouvia.

A sensação que ela tinha é que, antes da trança, as pessoas a viam como uma mulher pobre, que não cuidava dos cabelos. Depois da trança, passou a ser vista com olhares curiosos que lhe atribuíram, em um espaço onde não havia outra aluna negra, adjetivos como "estilosa".

No decorrer da graduação, Clarice intercalou os cabelos trançados com os alisados. Quando passou no mestrado, decidida a pesquisar questões raciais brasileiras a partir da obra *Gabriela, Cravo e Canela*, do escritor Jorge Amado, passou a sentir crescentes incômodos sobre as coisas que estudava.

— Eu fazia toda uma discussão racial, de padrões e opressão, mas não conseguia fazer essa relação direta com o meu cabelo. Era um conflito interno muito grande.

O que lia e grifava nos livros, escrevia na dissertação e depois na tese não correspondia ao que via diante do espelho. Dentro dela, um monte de perguntas. Será que aliso o cabelo porque eu quero? Estou mesmo feliz com o alisamento? De onde vem essa felicidade: de demandas internas ou externas?

Aos trinta e nove anos, Clarice não lembrava mais como era seu cabelo. A confusão que sentia não dizia respeito à imagem que outras pessoas tinham dela, mas a que ela mesma tinha de si. Ao conversar comigo, Clarice reforça que não acha que todas as pessoas que alisam os cabelos precisam sentir o que ela sentiu.

Em alguns espaços, é comum que pessoas negras sejam, indevidamente, cobradas de abandonar o alisamento capilar como forma de obterem credibilidade na luta antirracista. Algumas vezes, esses comentários são feitos por quem é consciente do racismo e também luta contra ele; outras, por pessoas que acham que esse tipo de discussão é bobeira. Com ou sem boa intenção, trata-se de uma atitude invasiva.

Parar de alisar o cabelo é uma decisão que, em muitos casos, ocorre após reflexões profundas. Deixar para trás a escova progressiva costuma ser resultado de diversas transformações, não a causa. Quando Clarice conversa comigo, percebo um esforço para delimitar que aquela experiência é *sua*. Uma vivência com raízes em amplas questões sociais, mas que, ao mesmo tempo, não deixa de ser individual, subjetiva.

As referências que Clarice encontrava na internet, de pessoas que haviam passado pela transição capilar, eram de mulheres mais jovens, até mesmo adolescentes. As falas quase sempre coerentes, bem construídas, narravam uma relação de causa e consequência de forma precisa. Ao se deparar com tais depoimentos, Clarice não se via. Para ela, o processo era subjetivo em um nível tão profundo que não conseguia se identificar com relatos alheios. Não desejou expor o crescimento dos cabelos em fotos ou falar abertamente sobre o processo. Tinha receio de desistir da transição e ser julgada por isso. Resolveu, portanto, passar pela transição capilar em silêncio, do seu jeito.

Para abandonar o alisamento, Clarice precisava que, em suas palavras, uma chave virasse dentro de si.

— Essas transformações subjetivas têm seu tempo. É muito triste pensar que a gente tinha um pensamento difícil de mudar.

O despertar para a transição capilar surge na vida das pessoas a partir de vários estímulos: uma fotografia, uma história, um filme. Para Clarice, foi uma frase.

Em 2015, durante uma aula do doutorado cursado na Inglaterra, Clarice ouviu da professora da disciplina *Gender Perspective* uma frase que lhe marcou: "se você tem uma identidade, você age de acordo com ela". Naquele momento, foi como se a cena na qual estava inserida congelasse, a voz da professora ecoando repetidas vezes. Clarice não prestou atenção nas frases que seguiram porque mergulhou fundo nos próprios pensamentos. Na superfície, a aula continuava, mas tudo o que a aluna ouvia eram sons abafados.

Durante o mergulho, o coração acelerado, Clarice se questionou se agia de acordo com o que acreditava. Se agia de acordo com a própria identidade. Que identidade, afinal?

— Foi aí que eu entendi o quanto eu estava distante de mim.

Ao voltar para o Brasil, no mesmo ano, Clarice não quis mais saber de alisamento. Para aguardar o nascimento dos cabelos, colocou *megahair*, alongamento capilar feito com cabelo sintético. A escolha foi cabelos crespos, não tanto quanto os que reencontraria depois da transição. No decorrer dos dias, o cabelo ia crescendo devagar, e ela brincava de imaginar como seriam seus fios naturais.

— Eu começava a puxar o *megahair* e a olhar debaixo, para poder ver a minha raiz. Aí um dia eu cortei. Cortei o *megahair* caríssimo.

— Sozinha? — pergunto. — Você passou a tesoura?

— Sim.

Assustados com a ideia de se desfazer de um cabelo tão caro, amigos perguntaram a ela por que não havia esperado para fazer o procedimento em um salão adequado, quem sabe até guardar o cabelo sintético para usar depois. Clarice respondia que não quis aguardar porque, se esperasse, era capaz de desistir da ideia. Às vezes, distraída, esquecia que tinha cortado. Passava as mãos onde antes havia cabelo sintético e pegava o ar.

No dia que se desfez do *megahair*, Clarice voltou ao espelho um monte de vezes. Mexia nos fios que havia tempos não via, trançava, prendia, soltava, botava para um lado, para o outro.

— Era muito legal. Foi uma redescoberta. Sabe aquela coisa de... brincar com o seu cabelo? Fazer penteado... Tinha algo de infantil naquilo, um deleite que não consigo descrever. — E, logo em seguida, com as palavras que lhe surgem na mente, Clarice consegue: — Era como brincar com a boneca de milho.

Com o seu cabelo a gente não trabalha

"O meu desapontamento com o cabelo acompanhou-me ao longo de uma transmutação, de um prurido insignificante até uma urticária abrasiva: a transmutação da estética em moralidade, do secador em juiz, da falta de jeito em fatalismo, do penteado abortado em culpa, danação — da cabeleireira bruta em psicose. Fazer as pazes conosco parece-se, penso para comigo, com fazer as pazes com a nossa ascendência (...)"

(*Esse Cabelo*, Djaimilia Pereira de Almeida)

Pompons coloridos em mãos, as crianças da plateia do programa de televisão cantam e dançam. Algumas estão empolgadas e sabem de cor a letra da música; outras parecem não entender muito bem o que fazem ali, mas participam. Holofotes disparam luzes coloridas para todos os lados. O cenário é alegre, bonito e parece bastante divertido. No centro do palco, uma mulher branca adulta é o destaque, exibindo um sorriso que vai de um canto ao outro do rosto, os cabelos loiros e lisos balançando na execução da coreografia. Acima dos olhos azuis, uma franja alinhada, milimetricamente cortada, também se movimenta. Ao redor da apresentadora surgem jovens meninas igualmente alegres, vestidas como soldadinhos de chumbo de ombreiras cintilantes. Sob as cartolas coloridas, o mesmo cabelo loiro e liso, a mesma franja. As garotas são como cópias feitas a partir da mulher adulta que com elas canta e dança. São como um exército da alegria. Desse exército, porém, nem toda garota pode fazer parte.

Vendo a apresentação pela tevê da sala, Vanessa imita a coreografia fazendo o controle remoto de microfone. Longe do auditório colorido e brilhante, a pequena garota negra desconhece diferenças. Para ela, basta cantar e dançar, não importa se os seus cabelos crespos não se mexem como os das meninas loiras da tevê. Tem algo, no entanto, que lhe aproxima delas.

— Eu queria fazer franja — comenta Vanessa, rindo, hoje aos 29 anos. — Eu pegava *assim* e passava um monte de creme no cabelo, aqui na frente, *pá*. Em todas as fotos de infância eu tô com aquele topete que eu mesma tinha cortado. — O pedacinho de cabelo sobre a testa era o que achava que precisava para, também, se tornar paquita.

No livro *Esse Cabelo*, escrito pela angolana Djaimilia Pereira de Almeida, a narradora é uma garota negra que resolve contar a história de seu cabelo crespo. Em um determinado capítulo, ela afirma: "o tempo em que eu não me lembrava de ter cabelo durou catorze anos". Para Vanessa, esse tempo foi mais curto. Quem lhe instigou a refletir sobre a beleza ou feiura de seus fios crespos foi uma menina da sua turma da pré-escola, em Florianópolis, bastante parecida com as paquitas da Xuxa. Com os longos cabelos loiros, a garota decretou oficialmente e em primeira mão uma ideia que acompanhou Vanessa por muitos anos: a de que havia, sim, opinião sobre seu cabelo crespo. E ele era feio.

— Na infância, tu não tem percepção do todo — diz Vanessa, sentada à mesa da padaria onde nos encontramos para conversar. Corta um pedaço da torta de frango, mas não come. — A gente acha que tudo é com a gente. Eu entendia que o problema era meu e que eu que tinha que mudar, porque todo mundo tinha um cabelo bonito e liso. Se não era liso, era cacheadinho. O meu cabelo era o feio. — Quando criança, ela era a única menina negra da sala da escola particular onde estudava.

Acreditando que o problema era dela, tratou logo de consertá-lo. Implorou para que a mãe lhe permitisse alisar os cabelos e, aos oito anos, fez o primeiro alisamento químico. Não precisou sair de casa para realizá-lo, porque foi a tia, cabeleireira, quem fez o procedimento. Na caixa do produto usado na ocasião, uma foto do cantor Netinho de Paula sorrindo junto a meninas negras de cabelos cacheados. Era o Tóin, que também foi utilizado nos cabelos de Lídia, entrevistada no segundo capítulo deste livro.

Cremes relaxantes voltados a crianças são, em muitos casos, o primeiro contato de uma pessoa com alisamento químico. São vários os termos carinhosos criados para diminuir os impactos desses produtos nos cabelos. Relaxar, tratar, soltar, reduzir, amaciar. A eles, são somados substantivos que apelam para o emocional, como "carinho", "atenção", "cuidado". Independentemente do termo, o uso desses cremes tem o mesmo fim: alterar as ligações químicas dos fios. Segundo a empresa que produz o creme usado nos cabelos de Vanessa, um dos benefícios do produto é a ausência de soda. Na composição, entretanto, há tioglicolato de amônio, substância que altera o formato dos cabelos, agindo de uma forma diferente nos fios – em relação à soda cáustica –, mas, ainda assim, potente.

— A minha história é de estar sempre em um espaço embranquecido — afirma Vanessa. — Então, quanto mais negra eu parecesse, menos parte daquele espaço eu seria.

A sensação de não pertencimento lhe acompanhou não

apenas durante o período escolar, que concluiu integralmente em colégios particulares da capital catarinense, como também durante a faculdade.

Vanessa cursou economia na Universidade Federal de Santa Catarina, instituição na qual apenas 3% dos alunos matriculados em 2012, ano em que a estudante iniciou a graduação, eram negros[1]. Dois dias depois de passar pelo *big chop*, aos 22 anos, ouviu de um professor a primeira reação negativa ao seu cabelo natural. Segundo ela, não houve muitas desavenças porque ela costuma, em suas palavras, devolver na lata. Foi o que aconteceu naquele dia.

— Aula oito e vinte. Tinha que pegar o ônibus de 6h20 lá em Campinas e vinha dormindo. Fui assistir uma aula de Política II, e eu podre de sono, aí um professor olhou para mim e falou assim: "nossa, querida, tu acordaste agora?" e eu "não, por quê?". E ele "ah... porque teu cabelo tá assim..." e hesitou.

Quando o professor viu que Vanessa reagiria com seriedade, interrompeu a frase. Não adiantou. A resposta veio certeira:

— Não, meu cabelo não *tá* assim, meu cabelo é assim. Meu cabelo é esse que tá aqui em cima da minha cabeça.

Conforme Vanessa se tornava adolescente, a caixinha colorida do Netinho não lhe parecia mais interessante. Trocar o Tóin por alisantes mais potentes era como um ritual de passagem para muitas jovens da época. A economista conta que ter cabelo cacheado na infância não era um problemão.

— As pessoas elogiavam os cachinhos e tudo mais. O pro-

---

[1] Porcentagem calculada a partir do cruzamento de dados das tabelas "Evolução dos ingressos de negros nos cursos de graduação da UFSC – 2004 a 2017" (elaborada pela Secretaria de Ações Afirmativas e Diversidades da UFSC (SAAD) e disponível em https://saad.ufsc.br/graficos-evolucao-de-ingressos-de-negros-e-brancos-na-ufsc/) e "UFSC em Números – 2008 a 2017" (elaborada pelo Departamento de Gestão da Informação da UFSC (DPGI/SEPLAN) e disponível em http://dpgi.seplan.ufsc.br/files/2013/12/UFSC-EM-N%C3%9AMEROS-2008-2017.pdf).

blema é quando você cresce, começa a querer um namoradinho. Tu quer que alguém goste de ti.

Para Vanessa não foi tão simples realizar a passagem para alisamentos mais fortes.

— Se tu chegava num salão qualquer de bairro, você ouvia coisas assim: "com o teu cabelo eu não trabalho" — lembra. — Eu tinha a sensação de que meu cabelo era uma coisa que não tinha solução.

Quase desistindo de procurar um salão onde alisassem seu cabelo crespo, Vanessa finalmente encontrou um lugar. Lá, fez relaxamento. Tempos depois, foi em busca de outro procedimento, para alisar ainda mais. Encontrou um salão onde o cabeleireiro fazia alisamento cuja composição Vanessa desconhece porque era segredo dele. Nesse estabelecimento, ao pagar pelo procedimento, as clientes ganhavam quatro hidratações profundas "para que o alisamento não danificasse tanto o cabelo".

Aos 17 anos, Vanessa resolveu tingir os fios, o que é contraindicado para pessoas que os alisam. Com a mistura mal sucedida, um tufo da parte da frente do cabelo caiu. Para resolver o problema, ela passou a fazer alongamento de queratina, um procedimento em que o cabeleireiro une pequenas mechas de cabelo humano à raiz do cabelo da cliente utilizando uma cola específica.

Mesmo com o alongamento, Vanessa permaneceu alisando o restante do cabelo com uma cabeleireira que fazia uma "escova maravilhosa". Nesse momento, ela me encara e reforça:

— Mas era só escova, não tinha nada. — E dá uma risadinha irônica.

Desconfiada do resultado do procedimento, resolveu, tempos depois, perguntar à cabeleireira qual era o segredo. A resposta foi "formol", que ela botava dentro do xampu sem avisar as clientes. "Escondidíssima".

Vanessa permaneceu frequentando esse salão por alguns anos, satisfeita com o efeito do alisamento.

— Era uma química muito boa, o cabelo não ficava com aquele aspecto cinzento, seco. Mas era aquela coisa: um mês era 300, aí depois era 400, depois 500. No final, eu estava pagando 700 e pouco. Aí tu começa a viciar. Tu fica agoniada porque a raiz começa a crescer.

Na época, desejando um comprimento maior, Vanessa colocou alongamento liso. Com isso, o intervalo entre os alisamentos precisava ser menor.

— Não dava para a raiz ficar natural porque destoava muito do alongamento — ela explica.

Toda vez que precisava retocar o cabelo que nascia, Vanessa passava o dia inteiro no salão. Na hora de escovar, tinha que proteger o rosto com uma toalha para não sentir o ardor causado pelo produto. Quando lhe pergunto se teve algum problema de saúde por conta desse procedimento, ela responde que não. Em seguida, resolve compartilhar comigo, brevemente, a experiência de uma prima que frequentava o mesmo salão.

— Ela teve uma reação alérgica, de ficar com a cara toda inchada, de fechar a garganta — narra. — Sabe o que ela fazia? Tomava um coquetel de antialérgico antes de ir pro salão.

Na primeira ida ao estabelecimento, Vanessa tinha ouvido da cabeleireira que nunca havia acontecido nada de ruim com suas clientes.

Vanessa cresceu vendo as mulheres de sua família alisando os cabelos. "Ah, porque meu cabelo embaraça... Ah, porque meu cabelo arma" eram algumas das justificativas que ela ouvia suas parentes relatarem antes de alisarem seus fios.

— Quando eu fazia química, eu tinha mania de dizer: "ah, porque meu cabelo não é bom". E quando uma mulher branca do cabelo liso vai no salão fazer alguma coisa, pintar, ficar loira, ficar ruiva, ela diz assim: "ah, é porque eu quero mudar".

Vanessa conta que fez essa comparação naquele mesmo dia, enquanto ia até a padaria onde a gente conversava. Ela ressalta que o alisamento de cabelos no caso de mulheres negras vai além de uma questão meramente estética.

— Não é uma questão de beleza, é puramente uma questão de racismo. É tu nascer odiando como tu é.

Cansada de gastar tanto dinheiro com as idas ao salão, Vanessa decidiu, aos vinte anos, que ela mesma cuidaria do cabelo. Ainda com o alongamento, vivia com ele preso.

— Ficava um rabo liso. Mesmo que minha raiz estivesse alta, eu conseguia disfarçar porque eu estava com o cabelo preso.

Até que cansou. Não quis mais alisar. Nem um fio.

— Um dia me deu uma revolta. Eu pensei: ai, cara, quer saber? Vou parar com esse negócio. Meu cabelo é crespo. Deu, pronto e acabou — lembra. — Eu gastava um rio de dinheiro com alisamento, ficava passando trabalho. Primeiro que a pessoa fica queimando a tua cabeça.

Foi na noite de 08 de outubro de 2012, data lembrada na ponta da língua, que Vanessa, com a ajuda de sua mãe, cortou fora o restante dos cabelos alisados.

— Eu sou uma pessoa meio... Não sei esperar — explica ela, rindo.

Diante de todas as coisas que viveu com o cabelo, inclusive

quase ficar careca, deixar o cabelo natural não seria um desafio. Ela comenta, inclusive, que ter tomado essa decisão antes do assunto ganhar espaço na internet fez com que se sentisse mais livre para cuidar do cabelo do jeito que bem entendesse.

— Acho que essa coisa da indústria do cabelo crespo tem deixado as coisas mais complicadas. Ah, porque tem que finalizar assim, assado, não sei o quê... Cara, eu simplesmente acordava, passava creme e água, aqui, deu, saiu, tô pronta, acabou.

No dia em que confrontou o comentário de seu professor na sala de aula, Vanessa se direcionou a alguns alunos que, durante o diálogo, haviam debochado dela com olhares e risadinhas.

— Vocês podem rir do meu cabelo, fiquem à vontade. Mas ele não vai mudar.

E, olhando para mim, do outro lado da mesa sobre a qual a torta de frango pousava fria, ela acrescenta:

— Porque é isso que as pessoas querem no final. Elas querem te ver com uma estética que elas acham que é a melhor. E eu vou passar a vida toda me moldando para as outras pessoas me aceitarem?

Cabelo ruim: breve história da marginalização do cabelo crespo

"O Colonialismo é uma ferida que nunca foi tratada. Uma ferida que dói sempre, por vezes infecta, e outras vezes sangra."

(***Memórias da Plantação,*** **Grada Kilomba**)

Liso, ondulado, cacheado e crespo. A diferença entre formatos de cabelo é explicada, em grande parte, pelos diferentes tipos de secção transversal do fio e de como ele cresce. Em outras palavras, quando observamos no microscópio um fio de cabelo cortado transversalmente, o formato do corte sendo sempre uma elipse, vemos que essa elipse pode ser mais ou menos "achatada". Quanto mais achatada ela for, mais fino é o fio e mais facilmente ele se enrolará. Ao contrário de um fio de cabelo liso, por exemplo, cuja secção transversal é uma elipse mais grossa e cilíndrica, a secção de um fio crespo é uma elipse mais achatada e fina. Essa estrutura faz com que o cabelo crespo seja encaracolado com anéis de poucos milímetros de diâmetro. Isso significa, portanto, que o cabelo crespo tem cachos, porém extremamente compactos.

Estudar as diferenças da estrutura dos fios de cabelo, contudo, não dá conta de explicar como o racismo opera na marginalização de cabelos crespos. No livro *Sem perder a raiz,* Nilma Lino Gomes afirma que, sozinho, o cabelo nada expressa, porque sua representação é construída nas bases das relações sociais e raciais. Dessa forma, não há como pensar em cabelo sem estabelecer uma relação entre ele e a sociedade.

"O Brasil ainda se apoia em um imaginário que prima por um ideal de beleza europeu e branco", afirma Nilma, em seu livro. Nesse sentido, quanto mais crespo o cabelo, maior sua associação ao aspecto "ruim", uma vez que essa textura capilar remete a uma ancestralidade renegada e é vista "como um sinal diacrítico que imprime a marca da negritude no corpo". Por isso, Nilma aponta que o cabelo crespo na sociedade brasileira "pode ser pensado como um signo, uma vez que representa algo a mais, algo distinto de si mesmo", para além de uma característica biológica.

No cotidiano das pessoas, palavras como vassoura e palha de aço costumam ser associadas ao cabelo crespo. Essa associação atribui a esse tipo de cabelo características grosseiras, ríspidas, duras. Incoerente a essa ideia é a constatação de alguém ao tocar pela primeira vez um cabelo crespo e perceber que, na verdade, ele é macio. Essa descoberta, quase sempre vivenciada por uma pessoa sem o consentimento de quem é tocado, evidencia o quanto o racismo imbrica em nosso imaginário não fatos, mas verdades inventadas, naturalizadas com o passar do tempo.

"Na *Chanson de Roland*[1], do século XI, os sarracenos são descritos como negros, similares aos demônios, e a Etiópia aparece designada como 'terra amaldiçoada', lugar habitado por 'gente preta de grandes narizes e largas orelhas' cuja pele é mais dura que o ferro

---

[1] La chanson de Roland (A Canção de Rolando) é um poema épico do século XI, composto em francês antigo, que narra o fim heroico do conde Rolando, sobrinho de Carlos Magno, que morre em uma batalha contra os sarracenos. Esse poema influenciou muitas obras por toda a Europa durante a Idade Média.

e que de branco só tem os dentes." Esse é um trecho do artigo *Os herdeiros de Cam: representações da África e dos africanos no ocidente medieval*, escrito por José Rivair Macedo, doutor em História Social pela Faculdade de Filosofia, Letras e Ciências Humanas da Universidade de São Paulo (USP). No texto, o autor mostra como imagens pejorativas associadas ao continente africano, bem como às pessoas que lá viviam, existiam já na Idade Média, antes mesmo das grandes navegações.

Dentre as razões que explicam esses preconceitos está a teoria de que os africanos seriam descendentes de Cam, personagem bíblico cujos filhos são amaldiçoados por Noé[2]. "A filiação dos negros a Cam teve notoriedade nos manuais religiosos cristãos até pelo menos o século XIX, abrindo um campo muito fértil aos defensores da inferioridade das populações negras." As representações europeias sobre os africanos durante a Idade Média contribuíram para a criação de um imaginário racista que, anos mais tarde, se consolidou política, econômica e socialmente com o tráfico negreiro.

> *Tais clichês e estereótipos definiram o enquadramento dos negros no mundo ocidental e modelaram a atitude dos europeus com respeito àqueles povos no período subsequente, da expansão ultramarina. Com certeza, os representantes das monarquias, marinheiros e aventureiros, e os missionários cristãos, carregavam consigo parte dessas imagens, juízos e preconceitos. Embora não devam ser considerados aspectos determinantes no processo de conquista, certamente desempenharam o seu papel nas concepções etnocêntricas, amplamente utilizadas em defesa da dominação dos povos extra-europeus.[3]*

---

[2] Gênesis 9:25: Segundo a narrativa bíblica, Noé amaldiçoou o filho de Cam, Canaã, referindo-se a ele como o "servo dos servos".
[3] MACEDO, José Rivair. Os filhos de Cam: a África e o saber enciclopédico medieval. *SIGNUM*: Revista da ABREM, Vol. 3, p. 101-132, 2001.

Cerca de 12 milhões de africanos foram traficados, a partir do século XV, para o trabalho escravo nas plantações de açúcar do Brasil e das Antilhas, de fumo e tabaco nos Estados Unidos[4]. Com o tempo, o tráfico de pessoas negras se tornou o comércio mais lucrativo do sistema colonial, sendo incentivado inclusive pela Igreja. No século XV, o papa Nicolau V formulou a primeira justificação evangélica do trato negreiro. Considerava-se justo o comércio e a posse de negros, visto que muitos deles, deportados para Portugal, se tornavam cristãos[5].

Foi, portanto, com base na visão eugenista dos colonizadores europeus que o tráfico negreiro se instaurou nas bases do comércio transatlântico, consolidando no imaginário ocidental um caráter desantropomórfico a respeito dos negros escravizados e de seu local de origem. Só no Brasil, pelo menos 4,8 milhões de pessoas foram trazidas e escravizadas, em um sistema que perdurou legalmente por três séculos.

Durante o período de escravização, as características físicas de africanos e africanas foram marginalizadas pelos senhores brancos. Em seu livro *Memórias da plantação*, a escritora, teórica e artista interdisciplinar Grada Kilomba afirma que o cabelo crespo começou a ser desvalorizado nessa época, tornando-se "a mais poderosa marca de servidão durante a escravidão". Dessa forma, o cabelo crespo, estigmatizado para justificar a subordinação de pessoas negras nesse momento da história, transformou-se, como Grada escreve no livro, em símbolo de "primitividade", desordem, inferioridade e não-civilização[6]. Transformou-se, portanto, em algo *ruim*.

---

[4] Informação retirada do capítulo "A diáspora negra - O tráfico", do livro *História Geral do Brasil*, devidamente referenciado no último tópico deste livro.
[5] Informação retirada do livro *O trato dos viventes: Formação do Brasil no Atlântico Sul, séculos XVI e XVII*, de Luiz Felipe de Alencastro, devidamente referenciado no último tópico deste livro.
[6] KILOMBA, Grada. Memórias da plantação: episódios de racismo cotidiano. Rio de Janeiro: Cobogó, p. 127, 2019.

Pouco mais de cento e trinta anos separam a abolição da escravatura da produção do meu livro. Entretanto, as relações sociais construídas naquele período, embasadas pelo racismo, permanecem em nossas mentes e estruturam nossas relações na atualidade. Basta buscar no Google por "cabelo ruim" e o resultado vai ser um apanhado de foto de cabelos crespos. A ideia de cabelo ruim foi, portanto, criada por uma lógica racista que acho importante explicar neste trabalho jornalístico.

Para definir o que é racismo, Grada Kilomba explica que a diferença entre grupos raciais não é algo dado, mas construído. Afinal, o sujeito negro é diferente do sujeito branco ou o sujeito branco é diferente do sujeito negro? A partir de que ponto de vista se estabelece essa diferença? Nesse sentido, o sujeito negro "só se torna *diferente* porque se *difere* de um grupo que tem o poder de se definir como norma – a norma *branca*". Dessa forma, "não se é *diferente*, torna-se *diferente*".

A partir do momento em que essa diferença é construída, são atribuídos a ela elementos negativos. Como psicanalista, Kilomba afirma que os aspectos de "agressão" e "sexualidade", que caracterizam a organização psicológica de um indivíduo, são reprimidos pelas pessoas brancas e reprojetados em outros grupos sociais, como nas pessoas negras, por exemplo. Em outras palavras, ao serem lidos como "diferentes", negros e negras são considerados incivilizados (agressão) e selvagens (sexualidade), enquanto aspectos positivos, como civilidade e decência, são atribuídos apenas ao grupo branco dominante.

A construção dessa diferença associada à hierarquia racial formam o que chamamos de preconceito. A combinação do preconceito, por sua vez, e do poder histórico, político, social ou econômico forma o racismo. Desse modo, Kilomba mostra que o racismo não se trata de uma questão de nacionalidade ou de inimizade, aversão ou simpatia, mas, sim, de poder.

Com a desmontagem do sistema escravista nos Estados Unidos, a ideia de cidadania precisou ser redefinida. Afinal, se antes era simples apontar quem era ou não cidadão, com o fim da escravidão essa divisão se tornou menos nítida. Em sua tese de doutorado *Brancas de almas negras? Beleza, racialização e cosmética na imprensa negra pós-emancipação (EUA, 1890-1930)*, defendida na Universidade Estadual de Campinas (Unicamp), a historiadora Giovana Xavier analisa como a ideia de "melhorar a aparência" por meio de cremes de clareamento para o rosto e corpo e tônicos para crescimento capilar era considerada "um caminho para que a população de cor superasse a condição de 'quase-cidadã' no mundo livre". Essa tentativa de disfarçar a própria negritude para se aproximar de um fenótipo branco também se desenvolveu no Brasil, onde se perpetua até hoje.

Mesmo com a difusão, na atualidade, de discussões acerca da transição capilar, a marginalização do cabelo crespo persiste na sociedade. Perguntei à mestra em Antropologia Lídia Matos, entrevistada no segundo capítulo deste livro, os motivos de o cabelo crespo ainda ser desprezado.

— No Brasil, a gente constrói a nossa identidade racial tentando se afastar ao máximo das características negras. Quanto mais negra [a característica], mais você quer se afastar — explica Lídia. — O cabelo cacheado é o mais aceitável, é o que comumente é visto de uma maneira melhor. Tanto que o cabelo da Miss Brasil [Raissa Santana[7]] estava de *babyliss* na premiação. Isso é sintomático de um país que não aceita o cabelo crespo porque ele é a cara do negro. É a

---

[7] Raissa Oliveira Santana é uma modelo que foi Miss Brasil em 2016, representando o estado do Paraná.

cara da empregada doméstica. É a cara da senzala que tá lá no palco. É o negro que querem continuar mostrando no Datena, mas que não querem ver se tornar a Maju Coutinho.

Em seu livro, no capítulo "Políticas de cabelo", Grada Kilomba ressalta que o "processo de ter de fabricar sinais de branquitude, tais como cabelos alisados, e encontrar padrões *brancos* de beleza, a fim de evitar a humilhação pública, é bastante violento". Para evitar ofensas e humilhações, muitas mulheres negras se veem forçadas, como aponta a autora, a desracializar o sinal mais significativo da racialização: os cabelos. Segundo dados de uma pesquisa quantitativa realizada em 2018 pela multinacional francesa L'Oréal, 56% das mulheres brasileiras desejam ter cabelos lisos. A empresa havia feito o mesmo levantamento cinco anos antes e obtido uma porcentagem maior, de 62%. A tendência é diminuir ainda mais.

Das redes sociais para as prateleiras

"A beleza ideal é ideal porque não existe. A ação se situa no espaço entre o desejo e a satisfação. As mulheres só são belezas perfeitas a alguma distância. Numa cultura de consumo, esse espaço é lucrativo."

(*O Mito da Beleza,* Naomi Wolf)

De onde antes se escondiam, cabelos crespos e cacheados passaram a brotar devagar, tímidos, como um irmão que vai para longe da família por causa de briga e que, depois de muitos anos, volta para casa. A recepção dos que ficaram às vezes é estranha, cautelosa; outras, nostálgica e acolhedora.

Esses cabelos, por muito tempo evitados, nascem sem dizer para onde. Para cima, para baixo, para os lados. Demoram a ganhar força por conta dos resquícios de um passado recente que necessita de tempo para ser totalmente resolvido.

A passos lentos, fios enrolados aparecem. Em vez de formol e hidróxido de sódio, quem lhes recepciona é óleo de coco, abacate, babosa. Azeite, café, mel. Tudo junto ou separado. Uma colher (sopa) de amido de milho dissolvido em 100ml de água, depois de mexido em fogo baixo, vira máscara de hidratação. Atento à novidade, o mercado não perdeu tempo.

Mercado de produtos capilares descobre que 56% da população brasileira é negra

Potes coloridos dos mais variados tamanhos e formatos ganharam espaço nas prateleiras das lojas de cosméticos. Xampus sem parabenos, condicionadores livres de silicone, máscaras de tratamento, finalizadores, umectantes e outros produtos capilares com composição específica para cabelos não-lisos[1] começaram a fazer parte do catálogo de várias empresas, inclusive das que permanecem até hoje lucrando com a venda de alisantes.

— Produtos para cabelos lisos tiram mais a oleosidade, o que não funciona muito bem para cabelos cacheados — explica a mestra em Farmácia pela Universidade Federal de Santa Catarina (UFSC) Beatriz Ribeiro do Amaral.

Em geral, os tensoativos[2] utilizados em produtos feitos para cabelos cacheados e crespos são mais suaves, porque a oleosidade natural dos fios, ao contrário do que ocorre em cabelos lisos, demora a chegar até as pontas. Ou seja, produtos para fios lisos ressecam os cacheados e, em grau maior, os crespos.

Dentre as marcas que passaram a incluir linhas voltadas a cabelos cacheados e crespos no catálogo está a Salon Line, que se popularizou por conta desses cosméticos. Segundo a analista de relacionamentos da empresa, Sandy Santos, apesar de a Salon Line existir há vinte anos, esses produtos são recentes no catálogo. "Não ocorreu especificamente uma transição da marca. O que houve foi um processo de inovação, demandado pelo mercado", respondeu Sandy à pergunta "A partir de que ano vocês passaram a fabricar pro-

---

[1] Uso o termo "cabelos não-lisos" para me referir a cabelos crespos e cacheados.
[2] Tensoativos são matérias-primas que diminuem a tensão interfacial entre a água e o óleo, ajudando na limpeza dos fios.

dutos voltados a cabelos cacheados, crespos e em transição capilar?", enviada por e-mail.

A empresa também lucra com a venda de produtos de alisamento, tratamento e coloração, além de secadores, pranchas, modeladores e outros aparelhos elétricos. De acordo com a Sociedade Brasileira de Varejo e Consumo, as vendas da Salon Line chegaram a R$847,7 milhões em 2018[3], o que fez com que a empresa saltasse da 30ª posição para a 7ª em cinco anos, período em que criou o nicho voltado para cabelos não-lisos. Quando perguntei à Sandy Santos quais produtos da marca são os mais vendidos, ela respondeu que a informação sobre os líderes de venda é confidencial[4].

Desde que passei pela transição capilar, comecei a ler o rótulo de todos os produtos que compro para usar em meu cabelo. O que geralmente é para ser uma rápida ida à loja de cosméticos depois do trabalho se transforma em um longo momento de leitura, no qual tento decifrar palavras desconhecidas, uma sobrancelha sempre erguida.

"Sem parabenos", "sem sal", "livre de silicones" e "liberado". Essas são frases comuns em embalagens de produtos para cabelos crespos e cacheados. Isso porque algumas substâncias passaram a ser consideradas prejudiciais e, mesmo sem entender o porquê, as pessoas passaram a evitá-las. Para a farmacêutica Beatriz Ribeiro do Amaral, informações como essas são "puro marketing".

— A gente tá dentro do capitalismo e o que vende é medo. Colocar "sem tal coisa" no rótulo implica dizer que essa coisa é prejudicial e isso é feito sem nenhum embasamento científico. Às

---

[3] PREÇO baixo e web levam Salon Line e Ruby Rose a vendas de R$ 1 bilhão. *Sociedade Brasileira de Varejo e Consumo* (SBVC), 25 jul. 2019. Disponível em: <http://sbvc.com.br/salon-line-ruby-rose-vendas-bilhao/>. Acesso em: 21 set. 2020.
[4] Durante a apuração, enviei as mesmas perguntas para as marcas Seda e Lola Cosmetics, que também possuem linhas específicas para cabelos crespos e cacheados, mas não obtive retorno até o fechamento do livro.

vezes, fico muito irritada quando olho o rótulo de um produto e tá escrito "sem isso", "sem aquilo". Eu me pergunto: tá, mas o que *tem* dentro do produto?

Dentre as substâncias temidas em produtos voltados a cabelos não-lisos estão os parabenos, conservantes utilizados há tempos na indústria de cosméticos. Há pessoas, entretanto, que os temem sem ao menos saber o que de fato são. O motivo de eles serem evitados é a fama negativa que obtiveram após serem apontados em alguns artigos científicos como cancerígenos.

— Esses artigos têm muitas falhas metodológicas e vários deles já foram retirados, mas o *telefone sem fio* da internet é infinito — explica Beatriz. — Tem até teorias da conspiração que afirmam que empresas começaram a minar a reputação dos parabenos para vender conservantes novos, mais modernos. Então, como ele virou um ingrediente polêmico, as marcas evitam utilizá-lo, o que deixam explícito nos rótulos.

Segundo Beatriz, algumas empresas, visando se adequar à demanda, passaram a utilizar outros conservantes sobre os quais ainda existem poucos estudos e, sendo assim, não se sabe até que ponto são seguros ou não.

Além de optar por mensagens estratégicas nos rótulos de seus produtos, outra forma que as marcas encontraram de atrair clientes foi investindo em comunicação digital. Essa comunicação é estabelecida, principalmente, por meio de parcerias com influenciadoras, geralmente mulheres que tenham canais no YouTube ou perfis no Instagram nos quais abordem assuntos relacionados a cabelos naturais e transição capilar. Essa relação entre marcas e produtoras de conteúdo se estreitou na última década, e não é por acaso.

Internet: o berço da transição capilar

Agindo como propulsora desse novo mercado, a internet ampliou as discussões acerca de cabelos não-lisos, sendo não apenas fonte de informação para mulheres que vivenciam a transição capilar, como também espaço de acolhimento. A partir da segunda década dos anos 2000, canais no YouTube e grupos no Facebook, influenciados por uma tendência que se difundia nos Estados Unidos, se tornaram espaços para compartilhar informações a respeito da transição, criar referências e oferecer hospitalidade. As relações construídas nas redes sociais, em alguns casos, passaram a existir também fora da internet.

No dia 25 de julho de 2015, Dia da Mulher Negra, Latino-americana e Caribenha, aproximadamente mil pessoas caminharam pela Avenida Paulista entoando frases como "Racista passa mal, meu cabelo é natural!" e "Cabelo armado e nunca penteado!". Foi a primeira Marcha do Orgulho Crespo, movimento criado em São Paulo pelo projeto Hot Pente e pelo Blog das Cabeludas, com o objetivo de reunir mulheres de cabelos crespos e cacheados nas ruas em prol da valorização da estética negra e da cultura afro-brasileira.

Organizada pelo Facebook, a marcha teve o vão do Museu de Arte de São Paulo (Masp) como local de concentração.

— Aquele momento foi muito especial, porque a gente passou o megafone e as pessoas foram contando suas histórias, seus traumas, como lidaram com aquilo na época da escola, em ambientes profissionais — lembra a jornalista Neomisia Silvestre, uma das criadoras da marcha. — Cada um estava se reconhecendo nas histórias. E o interessante é que tinham diversas faixas etárias, famílias inteiras. A avó, a mãe, o avô, o filhinho, a tia, a prima. Pessoas de várias idades compartilhando as mesmas histórias.

Nos anos seguintes, a Marcha do Orgulho Crespo seguiu ocupando não apenas as ruas paulistanas, como também as de outras cidades do Brasil, em nove estados diferentes. "Opa, o negócio é maior do que a gente imaginava", foi o que as organizadoras da primeira marcha pensaram. Criaram, então, uma carta de princípios e um manifesto, para que o movimento seguisse minimamente algumas diretrizes, dentre elas a importância de haver espaços para debater questões sobre o cabelo, transição capilar e assuntos relacionados.

A mobilização ganhou o espaço público não apenas por meio das marchas, mas também da legislação. Três anos após a primeira manifestação em São Paulo, a deputada estadual Leci Brandão, junto ao Movimento Nacional da Marcha do Orgulho Crespo, instituiu o dia 26 de julho como o Dia do Orgulho Crespo no estado de São Paulo. No mesmo ano, em Mato Grosso do Sul, o deputado estadual Amarildo Cruz também criou uma lei para instituir o Dia do Orgulho Crespo, celebrado em 07 de novembro. A data foi escolhida em homenagem a uma adolescente de Nova Andradina que sofria racismo por conta do cabelo crespo e, no ano anterior, cometeu suicídio.

Ser uma possível referência para garotas crespas e cacheadas faz os olhos de Neomisia brilharem do outro lado da tela do computador, por onde conversamos. Ela conta que várias vezes, ao pegar o metrô, se deparava com meninas que lhe olhavam intrigadas, como se ativassem em si mesmas uma nova forma de existir.

— Acho que as pequenas demonstrações e possibilidades de troca são importantes. É se olhar e se fortalecer a partir do outro.

Enxergar-se em outras vivências costuma ser o primeiro passo para deixar de alisar os cabelos. Porém, isso não basta.

— Tem meninas que falam que não deram conta e voltaram pro alisamento. Tenho uma prima mais nova que fala: acho lindo, maravilhoso, mas ainda não consigo. — Neomisia acredita que passar pela transição capilar é um movimento que requer uma transformação mais profunda. — Talvez, a dificuldade seja nesse sentido. A sociedade vai te solicitar outra postura. Então, não é só uma mudança de visual. É, consequentemente, uma mudança de postura, de reposta, de enfrentamento.

Ao passar pela transição, é comum ouvir indagações como "o que você fez no cabelo?" ou "o que você quer com isso?", frases que evidenciam a ideia que Neomisia traz em sua fala. Se alisar os cabelos em nossa sociedade é considerado normal, parar de alisá-los é quase uma afronta. No livro *Memórias da Plantação*, Grada Kilomba afirma que o cabelo crespo pode ser visto como uma declaração política de consciência racial através do qual a pessoa que o possui redefine padrões dominantes de beleza. "As ofensas, no entanto, são respostas de desaprovação a tal redefinição e revelam a ansiedade *branca* sobre perder o controle sobre a/o colonizada/o" escreve Grada. Além disso, a autora acrescenta que alisar os cabelos e encontrar padrões *brancos* de beleza como forma de evitar a humilhação pública é, em suas palavras, bastante violento.

Neomisia conta que fica feliz em contribuir com mudanças em relação à visão que se tem sobre cabelos crespos. Para ela, a primeira marcha foi um momento histórico.

— Era muito foda o que a gente estava fazendo. Ter meninas gritando "quero trabalhar com o meu cabelo" na Avenida Paulista, em um domingo, aparecendo na Globo. — Ela ressalta, entretanto, que a Marcha do Orgulho Crespo não é o único grupo preocupado com essa transformação. — A gente só apareceu com uma ideia muito boa em um momento muito bom. As pessoas estavam de saco cheio de algumas coisas e estavam ali querendo botar para fora, discutir e buscar apoio. Mas é um trabalho de ativismo que já estava sendo feito há muito tempo. Esse foi só mais um pico de avanço.

Outro movimento nascido na internet que também ganhou as ruas foi o Amigas Crespas de Floripa. Criado em junho de 2015, o grupo no Facebook se tornou um espaço que incentivava mulheres não somente a retomar os cabelos naturais, mas também a falar. Falar sobre seus gostos e sonhos, falar sobre suas visões de mundo, falar sobre si.

Nove meses depois da criação do grupo, nasceu o primeiro encontro presencial, realizado no Parque de Coqueiros, em Florianópolis. Dele, participaram cem mulheres.

— Cem mulheres — reforça Mercê Souza, idealizadora do Amigas Crespas, ainda surpresa com a quantidade de pessoas reunidas naquele dia. — Todas com a mesma dor, com as mesmas questões. Foi o encontro mais lindo que eu já participei na minha vida, um desnudar de alma. E ali, ninguém falou de cabelo. A gente falou da gente.

Nas discussões tanto online como presenciais, os assuntos mais conversados são autocuidado, autoconhecimento, relações abusivas e outros temas que, como Mercê define, permeiam o nosso interior.

— Uma vez fui questionada por um parceiro que disse que a gente tinha perdido a essência do movimento porque não falava de cabelo. Aí eu disse assim: olha, querido, eu acho que quem não entendeu o movimento foi você. O cabelo é uma raiz muito profunda e eu preciso trabalhar todo o meu interior para falar dele, porque, se eu não olhar para dentro, eu não olho para fora.

A mudança vivida por uma mulher que passa pela transição capilar é perceptível não apenas pela curvatura dos cabelos.

— A gente muda. Não tem como não mudar. É outra pessoa. Mexe com toda a estrutura interna. E externamente, todo mudo vê que tu mudou. Não pelos cabelos, mas pelo teu olhar, pela tua postura, pela tua voz, pelo que tu fala, por tudo o que tu emana. As pessoas questionam "nossa, o que aconteceu contigo?" e o cabelo é secundário, ninguém diz que foi o cabelo.

Hoje, trabalhando como terapeuta, Mercê enxerga que passar pela transição capilar, ou pelo menos participar de grupos como o que ela criou, motiva mulheres negras a romper silêncios e compartilhar dores. Para ela, esse é o principal objetivo dos encontros.

— Quando a gente fala de cabelo, a gente precisa de um acompanhamento terapêutico, psicológico, de um amparo. Não é só um cabelo. Não, é a minha história gritando dentro de mim: eu preciso de ajuda.

Nesse sentido, a proximidade entre mulheres negras e autocuidado, para Mercê, é primordial.

— A gente olha a terapia como um lugar rotulado para a elite e isso tira da mulher preta, que é a que mais precisa, esse lugar de cura. Porém, a cura é totalmente ancestral e natural, a gente tem muito com a gente, a natureza nos cura. Então, trazer essa simplicidade para a cura é muito importante para uma preta periférica, por exemplo, que não tem acesso e que acha que terapia é bobagem, futilidade, luxo. Conseguiram separar tanto o que é nosso e colocaram num lugar tão empacotado e caro que a gente acha que não é nosso.

Desde a criação, o grupo acolheu diversas mulheres com as mais variadas histórias de vida e percepções de si. Teve o caso de uma moça que chorou bastante no primeiro encontro, decretando que jamais conseguiria aceitar quem ela era e que, tempos depois, vivenciou a transição capilar e passou a trabalhar trançando cabelos afro. Tem também a história de outra mulher negra, que continua alisando os cabelos até hoje, mesmo participando dos encontros.

— É o processo dela, é o tempo dela. Ela entende as estruturas, mas ela se sente bem assim e a gente super respeita isso, porque não é um "ah, você *tem que*". Não, ninguém *tem que* nada. Não existe o *tem que*. Nós somos seres livres. O importante é a gente ter acesso à informação e entender o que acontece com uma preta que alisa os cabelos. A partir do momento que tu desperta e mesmo assim tu escolhe alisar, tudo bem, tu é livre.

O Amigas Crespas de Floripa, que realizou quatro encontros desde sua criação, é uma vertente de empoderamento, como Mercê denomina. Inicialmente, o grupo era organizado por doze mulheres negras. Com o passar do tempo, cada uma encontrou um caminho diferente e hoje são três, contando com Mercê, que permanecem na organização.

— Elas foram se apropriando tanto de si que uma ficou grávida, a outra viajou, a outra criou seu próprio projeto... E a gente foi se respeitando, dentro das nossas particularidades. Cada uma desenvolveu o que tinha que desenvolver. Por isso, eu sinto que as pessoas vêm ao movimento para se apropriar de si, ganhar sua força e, depois, partem para suas vidas. E tá tudo bem.

A naturalidade com que Mercê encara a saída de uma organizadora do grupo é a mesma que lhe habitava quando o criou.

— O Amigas Crespas nasceu com a minha transição capilar. Eu fiz meu *big chop* às cegas com uma amiga, em casa, e comecei a buscar nas redes sociais porque nas ruas de Florianópolis não tinha ninguém crespa, ninguém *black power*. — Foi de modo intuitivo que

Mercê criou o grupo Amigas Crespas de Floripa no Facebook. — Eu criei para conectar pessoas, para a gente trocar receitinhas, trocar foto. Já que eu não estava encontrando no físico, eu encontrei nas redes. Foi uma excelente teia de autoajuda, sabe?

Mercê conta que, quando passou pela transição capilar, a reação das vendedoras das lojas de cosméticos era diferente da que existe hoje.

— Eu ia comprar creme para o meu cabelo e a primeira coisa que as vendedoras me perguntavam era se eu queria algo para *abaixar*. Hoje, quando eu entro nessas lojas, eu penso "que maravilha!". A indústria entendeu que mulher preta tem dinheiro e compra.

Para ela, é importante que tenha essa variedade de produtos nas prateleiras, mas conta que, particularmente, prefere comprar de marcas pequenas e produtoras locais.

— É lindo ver as prateleiras dos mercados olhando para isso, mas é importante entender que isso é um ciclo capitalista que também quer te acorrentar.

A mudança gerada a partir das redes sociais influenciou não apenas o mercado de produtos capilares, mas também os salões de beleza. Conforme as buscas por cabelos cacheados e crespos aumentava, cabeleireiros e cabeleireiras passaram a buscar especialização. Até então, todos os tipos de cabelo costumavam ser tratados da mesma forma, tendo os lisos como referência. Lembro que, ao ir a algum salão cortar o cabelo na infância, a primeira coisa que a pessoa que me atendia fazia era lavá-lo. Em seguida, desembaraçava-o da raiz às pontas com pentes finos. O corte era realizado com os cabelos molhados e eu só sabia o resultado quando chegava em casa e o cabelo secava, porque os cachos encolhiam.

Com as mudanças causadas pelo movimento de transição

capilar, técnicas específicas para cortar cabelos não-lisos passaram a compor a rotina de vários salões. Alguns profissionais, por também terem esses tipos de cabelo, viram nessa nova tendência uma possibilidade de finalmente trabalhar com algo que lhes fizesse sentido.

— Eu fiz muita progressiva para pagar as contas, mas sempre com dor no coração, com desprezo até — conta a cabeleireira Dandara Vasconcelos Spina, a Dhara, especializada em cabelos ondulados, cacheados e crespos desde 2017, pela Deva Curl Academy.

Apesar de trabalhar em salão de beleza desde os 19 anos e alisar muitos cabelos, do que Dhara gostava mesmo, desde que iniciou na profissão, era cuidar de fios parecidos com os seus: cacheados. Entretanto, só parou de alisar cabelos quando passou a trabalhar em um salão que tinha proposta ecológica, onde não havia produtos de alisamento.

— Foi um lugar onde que eu falei: ufa — suspira ao lembrar —, não vou precisar passar mais por isso.

Hoje, aos 35 anos, Dhara esbanja criatividade ao cortar e tratar dos mais variados tipos de cabelo. Auxiliando diariamente muitas mulheres em transição capilar, a cabeleireira incentiva suas clientes a apreciarem seus cabelos naturais e a terem mais autonomia em relação aos próprios fios. Foi o que eu vi de perto quando fui cortar meus cabelos em seu salão.

O segredo do cabelo perfeito é aceitar que ele não existe

"Inveja nós entendíamos e achávamos natural — a vontade de ter o que outra pessoa tinha; mas despeito era um sentimento estranho, novo para nós. E o tempo todo sabíamos que Maureen Peal não era o Inimigo e não merecia ódio tão intenso. A Coisa a temer era a Coisa que tornava bonita a ela e não a nós."

(*O Olho Mais Azul*, Toni Morrison)

Era final de tarde e eu, de frente para a escrivaninha, pesquisava informações para este trabalho. Com o abajur aceso e o som da televisão do vizinho ao fundo, abri o livro da Nilma Lino Gomes, *Sem perder a raiz*, para consultar o que eu precisava para algum parágrafo. Foi quando, de alguma página, caiu um cartão de visitas.

O pequeno pedaço de papel simulava uma carta de tarô. No verso do cartão, um amarelo intenso. Li as informações de contato de uma cabeleireira, com as mensagens "trago seus cachos de volta" e "conversas sobre a vida e além". A parte da frente, de roxo vibrante, estampada com os dizeres "essa carta, quando tirada, pede que você se expresse ao mundo através da sua forma mais verdadeira e natural". Ao centro, uma figura mística de uma mulher de cabelos volumosos, com um terceiro olho. Acima, as frases: "cabelos naturais de pessoas reais. Cachos da Dhara".

Eu havia pegado aquele cartão meses antes, em um evento de tecnologia e impacto social de Florianópolis. No jardim que ficava em frente ao local onde eram realizadas as palestras centrais, reparei em uma pequena bancada forrada de tecido de chita. Apoiado em um dos cantos, sobre a grama, um quadro negro de moldura amarela escrito de giz "Machistas, homofóbicos e racistas não são bem-vindos". Ao lado, uma bandeirinha que anunciava "legalize o *frizz*". Em cima da mesa, pequenos vasos de flor, vários cartões de visita iguais ao que eu pegaria instantes depois e uma placa com letras coloridas que formavam a frase "cabelo cresce". Não conheci a Dhara naquele dia porque ela estava ocupada cortando o cabelo de uma mulher, mas guardei o cartão (sou dessas pessoas que vão aos mais variados eventos e voltam para casa cheias de brindes e cartões de visita).

Reencontrar aquele pedaço de papel colorido me foi instigante por dois motivos. Primeiramente, porque eu queria muito conversar com alguma cabeleireira especializada em cabelos cacheados e crespos, por causa do livro. Outra razão foi eu querer cortar o cabelo, pois dias antes eu havia me decepcionado com um corte realizado em outro salão. Não havia gostado da finalização mega definida e cheia de creme que fizeram nos meus fios e confesso que não consegui ousar tanto porque andava insegura quanto ao que eu de fato queria fazer no cabelo. Olhei para o verso do cartão e procurei pela Dhara no Instagram.

Passei vários minutos assistindo aos seus vídeos. Gostei, especialmente, dos *stories* denominados "Brisas kBLísticas". Neles, Dhara falava sobre ter liberdade com o próprio cabelo, não temer o *frizz* e sobre outros temas que me interessavam. A cada frase dita por ela, eu balançava a cabeça feliz da vida por ter encontrado uma profissional que pensasse de um jeito com o qual eu me identificava.

Fui ao salão da Dhara em fevereiro de 2020, às vésperas do feriado de Carnaval. Por ter chegado um pouco cedo no dia combinado, resolvi fazer hora no café ao lado, uma espécie de trailer que ficava em um terreno cheio de árvores. Lembro que fazia um dia bonito de verão e eu assisti ao pôr do sol, animada para conhecer a cabeleireira que me havia feito repensar minha relação com meus cabelos.

Na hora de pagar o café, me dirigi ao caixa e aproveitei para perguntar à atendente onde ficava o número 1202, porque não havia encontrado quando desci do ônibus. A moça, ao ver o meu cabelo seco e solto (como a Dhara exige que estejam os cabelos das clientes no dia do corte), sorriu para mim e perguntou:

— Vais na Dhara?

O salão da Dhara é um pedaço de aconchego no sul da capital catarinense, no bairro Campeche. Quando eu cheguei, atravessando um pequeno caminho de árvores e terra depois de abrir o portão, Dhara finalizava o atendimento anterior. Sua esposa, que estava no local, afastou uma banqueta que dava para a janela do salão e pediu que eu aguardasse. Por alguns minutos, fiquei ali sentada, o cheiro de grama me rodeando. Lá dentro, uma moça sorria toda empolgada com o novo corte enquanto Dhara varria o chão e conversava com ela.

Quando chegou a minha vez, a última cliente do dia, fui chamada para sentar em frente ao espelho, na cadeira giratória. Abaixo dele, uma pequena mesa coberta por um tecido amarelo estampado. Sobre ela, um quadrinho de avisos: "corte seco: R$ 70; conversa sobre a vida e além: grátis". Plantas penduradas pelos cantos e quadros com dizeres como "alerta: seu olhar pode estar contaminado por padrões de beleza" davam cor ao pequeno cômodo revestido de azulejos brancos.

Atrás de mim e me olhando através do espelho, Dhara pediu desculpas por não poder me dar uma entrevista atenciosa naquele mesmo dia. Explicou que estava exausta, mas deixou avisado que queria participar do meu trabalho outro dia. Eu ia responder que estar ali já me renderia bons parágrafos, mas ela se adiantou e perguntou o que eu desejava fazer no cabelo. Respondi, sem hesitar, que queria franja. Naquele instante, reparei que ela se animou. Sorriu. Era como se o cansaço de um dia inteiro de trabalho tivesse tido uma breve trégua diante da inspiração que nela brotava.

— Sério? — perguntou.

— Eu vi seus *stories* ontem e me encorajei — respondi.

Nos vídeos, ela falava sobre mulheres que tinham vontade de cortar franja e que não cortavam por medo de ficar feio. Além de incentivá-las a fazerem o que desejassem com os próprios cabelos, Dhara mostrou como esse medo era incoerente diante dos desafios que mulheres enfrentam desde criança em uma sociedade machista. Gostei de como ela abordou o tema e fiquei assustada com a coincidência de ter visto aqueles vídeos justo no dia anterior ao meu corte. Era como se eu tivesse ido a uma daquelas palestras onde a pessoa de microfone diz exatamente o que a gente precisa ouvir.

De frente para o espelho, eu me via com o cabelo seco, sem uma gota de creme. Havia cachos e havia *frizz*. Fios definidos e fios sem definição alguma. A Dhara exige que os cabelos estejam sem finalização porque, em suas palavras, "o cabelo seco não mente". Eu, que não sou de passar um monte de coisa no cabelo depois do banho, não me incomodei. Entretanto, estar ali, perto dela, pedindo franja naquele cabelo volumoso e indefinido, era como invocar todos os meus cabeleireiros anteriores, que surgiriam ali, naquele instante, berrando absurdos.

Quando desejei cortar franja pela primeira vez, na época em que alisava o cabelo, meu cabeleireiro se negou. "No seu cabelo não pode franja", ele disse. "Imagina só. A raiz vai crescer e vai ficar horrível." Naquele dia, voltando para casa, eu mesma cortei. Eu, aos quatorze anos, fã de bandas do que hoje se entende popularmente por "emo", passei a tesoura em uma pequena mecha de cabelo que me cobria a testa, no banheiro de casa. Entretanto, contrariar a regra imposta pelo meu cabeleireiro me deixou angustiada, como se eu tivesse feito algo errado. Fiquei nervosa quando retornei ao salão, meses mais tarde, para retocar a raiz. Na ocasião, ele olhou o que eu havia feito e bufou, como se eu tivesse mexido em um objeto que era dele.

A sequência de inúmeras regras capilares continuou mesmo depois que eu passei pela transição capilar e comecei a frequentar alguns salões voltados para cabelos cacheados. "Isso pode", "isso não pode". Fronha de cetim. Fitagem. Creme. Óleo. Mais creme. Das poucas vezes que fui a esses estabelecimentos, chegava em casa com cachos totalmente selados, sem um *frizz*. Cachos que não eram meus.

— Vou começar com uma mecha pequena, para você visualizar — Dhara explicou, a tesoura a centímetros da minha testa. — Caso não ache legal, vai dar para esconder nos outros fios.

Ela cortou.

Eu me olhei no espelho.

— Pode cortar mais? — perguntei.

— O cabelo é seu — ela respondeu. — Você pode tudo.

Quando voltei a conversar com a Dhara, sete meses depois – dessa vez por videoconferência –, ela contou que vem desenvolvendo um protocolo de atendimento para firmar a autonomia das clientes com o próprio cabelo.

— Eu dou aquela conversada e falo: olha, esse momento é seu.

Eu vou cortar o teu cabelo em uma hora e depois eu vou te ver só daqui a três meses, seis meses, um ano, não sei. Então, eu te convido a participar desse processo. Você não é minha refém.

Ressaltar que o cabelo pertence à cliente e não à cabeleireira faz parte do seu modo de trabalhar. Cotidianamente, Dhara incentiva que as pessoas que cortam os cabelos em seu salão se sintam livres para alterar o corte sozinhas posteriormente, ou mesmo procurar outros profissionais.

— Você conhece seu cabelo melhor do que eu — diz às clientes —, você conhece melhor o caimento, você sabe como você acorda.

Depois de cortar em mim uma franja três dedos acima das sobrancelhas, Dhara pediu que eu me acomodasse no lavatório. Estiquei as pernas em uma cadeira e debrucei a cabeça para trás. Os produtos usados em meu cabelo tinham cheiros suaves, alguns de mato, outros de terra molhada em dia de chuva. Durante a aplicação, Dhara falava dela, perguntava de mim e juntas compartilhávamos as histórias dos nossos cachos.

Quando criança, ela detestava o próprio cabelo. Nascida em Cubatão, cidade paulista que fica a 13 quilômetros da cidade onde eu nasci, Santos, Dhara me conta que quem cuidava de seus cachos era sua mãe, que tinha cabelos lisos.

— Eu fui uma criança dos anos 80 e começo dos 90, então toda a referência era lisa e extremamente branca. — Na época, a mãe, que tinha um salão de beleza, fazia escova nos cachos da filha. — Eu lembro de me olhar no espelho e gostar muito daquilo, porque era o mais próximo do referencial que eu tinha. Mesmo assim, em volta da cabeça ficavam aqueles girassoizinhos, cachos pequenos, e eu odiava aquilo. Nossa, eu odiava aquilo visceralmente, porque era como se fosse algo que me denunciasse.

Dhara fez alguns alisamentos até os 14 anos, quando, após um procedimento químico, viu seus cabelos caírem no lavatório do salão de beleza.

— Eu tinha pintado de preto três meses antes e pensei "imagina, a tinta já saiu". Ele caiu, ficou cotoquinho.

Parar de alisar os fios, porém, não impediu que ela deixasse de vivenciar experiências desagradáveis em relação à própria imagem. Quando se mudou para a Espanha, aos 19 anos, Dhara foi até o estabelecimento de um tio cabeleireiro.

— Eu tinha um cabelão bem comprido. Meu tio disse "Dandara, vamos resolver esse cabelo". Ele não perguntou o que eu queria, fez o que ele quis: pintou de vermelho e cortou no ombro.

Apesar de enaltecer a liberdade que suas clientes têm com os próprios cabelos, Dhara confessa que antigamente tinha uma postura mais "territorial", como ela mesma diz, em relação aos cabelos que cortava. Hoje, compreende que isso é um processo violento.

— O corte de cabelo é uma parada super invasiva. A gente [cabeleireiros] precisa fazer uma mea-culpa, uma mudança de paradigma. Eu vejo muita gente que pensa "eu sei e você não sabe, então você se cala". Que é isso? É 1950? Vai fazer a cliente ajoelhar no milho?

O desapego visível na relação que estabelece com as clientes reflete também na forma como Dhara cuida do próprio cabelo. Em um dos vídeos que publicou em seu perfil do Instagram, ela afirma, brincando, que faz parte da Frente Nacional de Legalização do *Frizz*. "Eu detesto dormir com fronha de cetim. Detesto dormir com aquele negócio escorregando. Se para ti é importante, beleza, faz, mas tenta conviver com como o teu cabelo é. Essa é você, amiga." Dhara acredita que ter cabelo natural vai além de parar de alisar os fios. Para ela, aceitar o próprio cabelo é entender que ele não vai estar igual todos os dias. É compreender que vai ter dia em que ele vai estar fabuloso e vai ter dia de "fazer um coque".

Em outro vídeo publicado em seu Instagram, ela reflete sobre a impermanência que constitui os cabelos. "Ai, miga, não tô dizendo para você sair com a cabela com o cacho todo desfeito e desfarelado, não, não é isso. Eu gosto que a minha cabela esteja bonita, mas que não seja um drama quando ela não estiver, sabe? Tudo que é massa, tudo que eu gosto de fazer, tudo que é vida dá uma estragada no cabelo. Tipo, um cabelo depois de um verão bem vivido fica sofrido. Praia, sol, cachoeira, namorar, dançar, andar de bike, piscina. Meu, se o rolê foi bom, tu volta descabelada." Em nossa videoconferência, Dhara voltou a falar sobre esse assunto.

— A gente é condutora de eletricidade, então o cabelo vai ter *frizz*, porque a gente tá viva. Vamos celebrar a vida, né?

Além do *frizz*, outro grande vilão de muitas pessoas de cabelos não-lisos é o volume. Mesmo depois de passar pela transição capilar, existem mulheres que permanecem rejeitando o volume de seus cabelos e buscam alternativas, muitas vezes por meio de cortes, para atingirem seu objetivo. Dhara, por outro lado, acredita que o volume não deveria ser combatido. Em outra "brisa kBLística", ela conta um pouco do dia a dia em seu salão e de como são frequentes os pedidos por redução de volume capilar:

"A pessoa já senta e fala: ai, queria dar uma controlada no meu volume. E, meu, sou cabeleireira, tenho que dar meu jeito de construir junto com a pessoa o que ela quer, para fazer ela ficar mais à vontade e mais cômoda com a imagem do cabelo dela. Mas, gente, eu sou muito do volume, sou uma pessoa muito *volumística*. O que você tá atacando não é o volume do seu cabelo, é o seu tamanho. Você tá atacando sua grandeza, sua força. A galera vem com um 'ai porque eu tô parecendo a Maria Bethânia'. Meu anjo, parecer com a Maria Bethânia é uma dádiva! Isso te remete à força da mulher que não se rende, que não aceita, que não faz o pacto social de ter a cabela que se supõe que é para ela ter. Aquela força da bruxa, sabe? Aquela mulher ousada, do cabelo branco, *frizzado*, indomado."

— Do que será que a gente tem tanto medo quando a gente se refere ao volume do cabelo? — ela indaga, do outro lado da tela em nossa videochamada. — Ele está no topo da sua cabeça coroando sua existência. Oprimir é domesticar, e a quem serve essa domesticação? De quem é essa demanda?

Tirar o volume. Esconder o *frizz*. Definir os cachos. Existem várias regras quando o assunto é cortar o cabelo. O visagismo, conjunto de técnicas usadas para valorizar a beleza de um rosto, é uma delas. Apesar de ser um conceito criado na década de 1930 pelo maquiador e cabeleireiro francês Fernand Aubry, foi somente em 2002 que a técnica chegou ao Brasil, trazida pelo artista plástico paulista Philip Hallawell. Para Dhara, métodos como o visagismo deveriam ser questionados, e não tidos como regra absoluta.

— É real que tem umas coisas muito massa, mas, em vez de perguntarem "o que você quer realçar na sua imagem?", impõem "seu rosto é muito redondo e você não pode usar cabelo curto". Então virou uma coisa muito cafona, muito piegas, muito proibitiva. E eu peguei o manual e rasguei. Cara, não vai ser eu que vou dizer para uma mulher que um desejo que ela tem de fazer num bagulho que cresce vai ficar feio. O que é feio? Para a minha filosofia de trabalho isso não funciona e acho que é algo que costuma ser muito mal aplicado.

Dhara também falou sobre isso em seus *stories*, nos quais citou uma ilustração da quadrinista Letícia Pusti, que dizia "o cabelo ideal para o seu rosto é aquele que te faz sorrir ao se olhar no espelho".

Mesmo em narrativas sobre transição capilar há padrões que valorizam cabelos mais próximos do liso. Reproduzidos massivamente pela indústria de cosméticos, discursos que enaltecem cachos "comportados" se distanciam das ideias de Dhara, que enxerga esse fenômeno como uma reprodução do padrão de beleza liso, porém dentro da comunidade de cacheadas e crespas.

— Tem pessoas que pensam: "eu aceito o natural até certo ponto, desde que ele não me denuncie humana". E eu acho que essa denúncia de humanidade é o que faz isso brilhar, é o que faz isso ser charmoso, sabe?

Tanto nos vídeos que publica no Instagram como em nossas conversas, Dhara afirma que não existe salão certo, mas que é importante saber que há diferentes caminhos a serem escolhidos.

— Tem um monte de salão que funciona de uma determinada maneira e eu tento funcionar de outra, criar uma via. Tem para todo mundo. Quem se identifica com essa forma de existir, chega mais que é nós. Quem se identifica com outras formas de existir: que bom que o mundo é tão diverso.

Apesar de atender pessoas de todos os tipos de cabelo, a maior parte das clientes que Dhara recebe, todos os dias, são mulheres em transição capilar. Os atendimentos realizados em seu salão vão além do corte ou da hidratação: eles são momentos de conversas, reflexões e descobertas.

— Tem muita gente que chora conversando comigo no salão. Eu tô falando com a mina e tô vendo as lágrimas pingarem no rosto dela porque ela entra em contato com essa autoconsciência, descobre os atravessamentos que fizeram ela alisar o cabelo.

O retorno das clientes é alto e Dhara acredita que isso tem ligação direta com a forma como os atendimentos são realizados.

— Eu já vi mudanças aceleradas até do comportamento das pessoas. Isso não sou eu que faço, mas, sim, a pessoa, que entrou numa coisa que levou a outra e a outra... Atendi uma cliente que era negra de pele clara, com cacho mais aberto, super cumpridora rígida de vários padrões, dócil. Ela cortou o cabelo, a gente conversou e tal. Ela morava com uma amiga que era uma super sapatona, que estava quebrando o molde, se libertando. Essa mina que eu atendi começou a ler Angela Davis e voltou no salão há um mês. Amiga, a mina cortou *rapado*! Ela raspou de um lado e deixou curtinho. Lembro que ela falou: "Dhara, eu quero conhecer o meu rosto, quero me abrir para o mundo, eu quero me ver, quero sair debaixo desse véu, dessa performance". Esse exemplo é extremo, mas, para mim, é uma honra acompanhar a pessoa nesse processo, sabe?

Conhecer a Dhara fez com que não apenas eu me deparasse com uma postura que divergia da dos profissionais que eu conhecia até então, como também me fez refletir sobre ideias que eu havia fixado na mente de forma equivocada. Sou uma pessoa que preza por produtos naturais, seja ao me alimentar ou ao escolher um xampu. Conforme me apegava a essa perspectiva, no decorrer da vida adulta, passei a acreditar que tudo o que não fosse natural era ruim.

Quando perguntei à Dhara o que ela pensava a respeito de produtos naturais, ela disse que não sabia muito bem como responder porque ainda estava estudando sobre o assunto. Mesmo assim, suas palavras mudaram minha forma de enxergar esse assunto.

— Os produtos naturais têm uma proposta diferente. É uma viagem de sensações, tem todo um aporte de extratos naturais, toda uma cortesia com o meio ambiente que se preocupa em não gerar resíduos toscos e tal. Esse é o mundo ideal que eu quero. Porém, aqui em casa somos eu e minha esposa, e o xampu que eu gosto tem 200ml e custa 45 reais. Eu posso bancar? Olha, eu até posso, mas é um gasto que vai além do que eu gostaria de assumir nesse momento. — Nos primeiros meses da quarentena, em 2020, ela e a esposa não puderam trabalhar por conta dos riscos da pandemia.

Dhara costuma variar os produtos que indica para as clientes.

— Eu atendo mulheres que ganham mil e duzentos reais e fazem um esforço para virem cortar o cabelo comigo a cada seis meses, sabe? Então, eu não posso sugerir para essa mina um xampu de 40 reais. Eu tenho que sugerir o melhor custo-benefício possível.

Para a cabeleireira, em uma sociedade ideal todas as pessoas teriam acesso a produtos naturais de qualidade. Porém, ela considera que estamos bem longe dessa realidade.

— Por isso, eu acho muito escroto botar a culpa da contaminação do planeta nas minas que tão começando a aceitar o próprio cabelo. Nunca teve produto para cacheada, tá ligado? As minas tão tendo acesso a isso agora.

A discussão por valorização de produtos naturais focada na preservação do meio ambiente, assim como a transição capilar, também encontrou na internet um espaço para se difundir. São inúmeras as dicas de como reduzir a produção de lixo, desde receitas de cosméticos caseiros a listas de lojas que investem em embalagens biodegradáveis para vender seus produtos. Nesse contexto, existem pessoas que trocaram o xampu e o condicionador por bicarbonato de sódio e vinagre, opções não apenas mais econômicas e acessíveis como também ecológicas, na medida em que deixam de gerar resíduos tóxicos ao meio ambiente comumente presentes em cosméticos industrializados. Questionei Dhara a respeito dessa substituição porque eu queria entender se realmente funcionava. Sua resposta me fez refletir sobre o que é "funcionar" e como essa ideia varia de acordo com o objetivo que a pessoa tem na vida:

— Se o seu maior compromisso é com o meio ambiente, em não gerar resíduos, então usar bicarbonato de sódio e vinagre para lavar o cabelo vai dar muito certo. Por outro lado, se você está focando em outras batalhas e se, de forma bem ampla, você tem um pouco mais de vaidade, não dá certo. Em algum momento, isso vai detonar seu cabelo. Vinagre e bicarbonato são dois extremos, ácido e base, então tu leva teu cabelo de um extremo a outro toda vez que lava e isso não é saudável. Eu conheço um monte de gente que fala que funciona horrores, mas eu não vou discutir nem bater boca. Se para a pessoa funciona, essa é a receita ideal para ela. Porém, eu não indicaria isso para ninguém.

Ser ou não natural deixa de ser critério, portanto, para ser considerado eficiente, bom ou a melhor opção. No dia a dia em seu salão, Dhara costuma indicar produtos caseiros para as clientes, desde que os considere eficazes. Gel de linhaça. Tratamento com babosa. Máscara de tapioca de milho com extratos.

— Todas essas formas naturais de tratar eu indico totalmente, porque a invenção cosmética passou por todos esses lugares. Isso era cosmético antes da indústria.

O maniqueísmo criado entre *natural* e *sintético* não garante a eficácia de um produto capilar. Em vários rótulos de xampu, por exemplo, palavras como "natural" e "orgânico" buscam cativar o consumidor por meio de uma ideia, em muitos casos, enganosa. Comparar a mensagem do rótulo e a composição de produtos ditos naturais, colocados tanto em prateleiras de farmácia como em cangas de feiras artesanais, costuma expor ambiguidade. Há substâncias sintéticas, por outro lado, que não prejudicam a saúde ou o meio ambiente e compõem o cosmético com uma determinada função, geralmente desconhecida por quem compra. "Natural", portanto, virou palavra mágica, cooptada pelo mercado para vender. Para Dhara, natural é somente o que você faz em casa.

Ampliar a quantidade de produtos, cada um com uma função, é outra estratégia de venda presente em diversos setores de consumo, como produtos de limpeza, por exemplo. Comerciais de televisão se esforçam para criar a necessidade de se ter um spray para vidro do box, outro para o da janela da sala, além de um desengordurante próprio para o fogão que não pode ser utilizado no piso da cozinha. A indústria de cosméticos segue o mesmo caminho e, na contramão dessa lógica, Dhara costuma falar para suas clientes que "menos é mais": basta ter um xampu, uma máscara de manutenção e um finalizador.

— Mas a galera enlouquece. A pessoa ficou a vida inteira repudiando cacho, de repente rola todo esse movimento de valorização, daí ela se vê bonita com o cabelo dela, ele cresce... e, mano, ela vai querer provar de tudo. É tipo alguém que nunca viu doce e quando vê, se lambuza. O que as marcas fazem é criar mais produto por causa da demanda, dizendo "nossa, você ainda não experimentou a maionese capilar? Uhhh, seu cabelo vai cair!". É tosqueira, mas eu olho a mina, que sempre odiou o cabelo dela, toda animada querendo a maionese e falo "vai, miga, compra tua maionese". É tosco? É. O capitalismo não é um cara legal.

Aquela foi a primeira vez que saí de um salão de beleza me sentindo satisfeita com o meu cabelo. Isso porque ter passado aquelas horas no local de trabalho da Dhara me proporcionou mais que um novo corte, mais que uma franja. Estar ali me inspirou, me conectou comigo mesma, me fez ter autonomia sobre meu corpo, me mostrou beleza em algo que soaria absurdo para outros profissionais. Fez com que eu percebesse que eu havia demorado vinte e cinco anos de vida para entender que a única pessoa com autonomia suficiente para decidir o que fazer com o meu cabelo era, todo esse tempo, eu.

Tentando me encontrar

> *"Meu cabelo cheio e incrível ia dar certo se eu estivesse fazendo uma entrevista para ser backing vocal numa banda de jazz, mas preciso parecer profissional nessa entrevista, e profissional quer dizer liso, mas se for encaracolado, que seja um cabelo encaracolado de gente branca, cachos suaves ou, na pior das hipóteses, cachinhos espirais, mas nunca crespo."*
>
> **(*Americanah*, Chimamanda Ngozi Adichie)**

Em uma padaria, mãe e filha conversam. Sobre a mesa, pães, fatias de bolo, suco de laranja e café coado. Na televisão, pendurada em uma parede próxima, é noticiado um caso de racismo no esporte. A artilheira da seleção francesa de futebol, Wendie Renard, havia sido vítima de ataques racistas durante a partida que eliminou o time brasileiro da Copa do Mundo em 2019. Isso porque decidiu entrar em campo com os cabelos crespos soltos. "A mulher ganha milhões e não faz nem uma progressiva naquela bucha" foi um *tweet* que repercutiu durante a partida. A jogadora, campeã da Champions League e a terceira mais bem paga do mundo, foi chamada de "preta do cabelo duro".

— Pois é, mas... — comenta a mãe, dissolvendo açúcar no café — será que ela não podia ter pelo menos prendido o cabelo?

A filha para de mastigar. Olha para o outro lado da mesa, incomodada.

— Por quê?

— Não sei, talvez se ela passasse um pouco de creme. Não precisava alisar, sabe?

— Por quê?

Desta vez, é a mãe quem se incomoda. Percebe algo errado na própria fala, mas responde mesmo assim.

— É que o cabelo dela é feio, né?

O olhar da filha permanece questionador.

— O que é *ser feio*, mãe?

Até hoje, a conversa que tivemos naquela padaria da Avenida Prefeito Osmar Cunha, no centro de Florianópolis, é lembrada por minha mãe. Na época, eu apurava para escrever este livro. Em vez de citar o que eu estava lendo ou relatar o que eu havia aprendido sobre o tema no decorrer da vida, resolvi apenas questioná-la. Ela mesma encontraria as respostas.

— Você lembra o que sentiu naquela hora? — eu pergunto em nossa videochamada, realizada em novembro de 2020, durante a quarentena.

— Raiva — ela responde, rindo. — A gente cresce na sociedade dizendo que aquele cabelo é feio. Eu esperava de você uma resposta diferente, eu não estava preparada para ouvir aquilo. — Ela se lembra de, naquele instante, refletir sobre o que achava que era *ser bonito*, mas não encontrou respostas. — Hoje eu sei o que é bonito. Na verdade, eu não sei: eu acho que entendi o que é feio. Feio é uma palavra que foi inventada justamente para confundir a cabeça dos outros porque ele não existe. Feio é algo que não existe.

Minha mãe alisou os cabelos dos 14 aos 49 anos. Quando

eu passei pela transição capilar, ela dizia que jamais faria o mesmo. Gostava dos cabelos alisados, de preferência passando dos ombros. Lavar, secar e pranchar as mechas era um ritual que lhe fazia bem. Nessas ocasiões, ela ligava o ar-condicionado, fechava a porta do quarto e esticava mecha a mecha com a chapinha ouvindo Ricky Martin, cantor do qual é fã desde a época do grupo Menudo. Para uma pessoa que passava a maior parte da semana cuidando da casa, limpando os cômodos, preparando as refeições da família, organizando exames e remédios do meu avô, resolvendo pendências de banco e realizando uma série de outras atividades comumente atribuídas à figura da dona de casa, era revolucionário pausar as tarefas cotidianas e pensar apenas no próprio cabelo. Sentada em frente ao espelho, Marcia fazia desses momentos de atenção com ela mesma uma brecha no meio de semanas turbulentas.

Desde pequena, ouço ela me falar sobre a suposta sorte que tive ao nascer com cabelos cacheados, parecidos com os do meu pai, em vez de herdar dela seus fios crespos. Meu irmão mais novo zombava de si mesmo por não ter tido a mesma "graça genética". E nesses pequenos momentos cotidianos, permeados por comentários que de alguma forma me incomodavam desde aqueles tempos, eu me via emoldurada na famosa obra *A Redenção de Cam*[1], pintura do século XIX que retrata a valorização do embranquecimento na sociedade brasileira.

Um dia, enquanto eu escrevia este trabalho, recebi de Marcia uma foto pelo WhatsApp. Era uma selfie. O cabelo quase raspado. Naquele momento, parei o que eu estava fazendo e arregalei os olhos. Ao me deparar com aquele retrato de coragem, decretei a certeza

---

[1] *A Redenção de Cam* é uma pintura a óleo sobre tela realizada pelo artista espanhol Modesto Brocos em 1895.

de um novo capítulo para este livro. Eis o início do reencontro de Marcia, minha mãe, consigo.

Das lembranças mais nítidas da infância, Marcia guarda o dia em que foi impedida, por outra criança, de brincar no parquinho da escola pública onde estudava. Naquela época, sua mãe penteava seus cabelos com tanta determinação que doía. As fitas de cetim utilizadas nos penteados eram escolhidas a dedo para que combinassem com as roupas. Tudo milimetricamente pensado.

— Eu tinha cinco anos. Era a minha vez de subir a escadinha para descer no escorregador, quando uma criança me parou e falou: você não vai brincar porque você tem cabelo de bombril.

Além dessa memória, o único momento em que Marcia se lembra de ter sofrido racismo no primário foi quando o menino de quem gostava se negou a dançar com ela na festa junina da escola.

— Não tenho nenhuma outra lembrança de racismo. Até porque, a partir dos meus doze anos, a minha mãe começou a pôr *bob* no meu cabelo — ela conta, enfatizando a palavra "bob" como se fosse absurdo. — Sua avó enfiava aqueles grampinhos que não tinham cabecinha, sabe? Daí eu falava "ai, esse não" e ficava separando os grampos bons para ela pegar.

Nessa época, Marcia vivia com os pais em Santos, litoral de São Paulo, em um prédio de três andares que existe até hoje. Meu avô era soldador de navio e passava o dia no porto, a serviço. Quem ficava com a minha mãe, na maior parte do tempo, era minha avó, que trabalhava em casa com pensão de comida. Por um ano, permitiu que a filha cuidasse dos próprios cabelos. Ainda assim, supervisionava de longe.

— Eu esticava bem o cabelo e passava muito creme — explica Marcia, referindo-se ao único penteado que sabia fazer: rabo de cavalo. — Outra coisa que eu lembro muito é minha mãe falando para eu não tirar todo o condicionador.

A quase-liberdade que minha avó a havia dado não durou muito tempo. Aos 14 anos, Marcia alisou os cabelos com produtos químicos pela primeira vez. A experiência foi em um salão no Canal 3 com a Rua Alexandre Herculano, na cidade onde morava. Nos fios de minha mãe foi passado o chamado "óleo do Rio", sobre o qual não encontrei referências em minhas pesquisas – acredito que seja um nome fantasia específico da época.

— O cabelo ficava liso, mas era um liso que ainda tinha que ter o *bob*, a touca e não chover. — Marcia conta que o produto era considerado mais fraco que o henê, creme utilizado pela minha avó para alisar os próprios cabelos em casa e tingi-los de preto.

Ainda no início da adolescência, foi a outro salão, dessa vez no centro da cidade. Lá, viveu uma experiência fisicamente dolorosa. Era fim de ano e Marcia precisava "arrumar o cabelo", então minha avó a levou até um estabelecimento na Rua Brás Cubas. Segundo as lembranças que minha mãe compartilha comigo, era um galpão antigo com uma escada por onde elas subiram. O cabeleireiro é descrito por ela como um "homem que com certeza aplicava botox nas bochechas e tinha um cabelo ruivo que na verdade era uma peruca". Naquele dia, para esticar os cabelos de minha mãe, também foi utilizado o "óleo do Rio". Dessa vez, porém, Marcia relata ter sentido "os miolos fritarem de dentro para fora".

— Geralmente, quando o cabeleireiro pergunta se tá ardendo, você tem que falar que não tá, senão ele interrompe e o cabelo não alisa — ela explica. — Mas, naquele dia, eu sentia a camada mais superficial da minha pele fritar, literalmente. Então, eu respondi que estava ardendo muito. Ele me falou: aguenta um pouco porque, se eu tirar, não vai dar resultado.

Marcia lembra que saiu do salão com a cabeça doída, os cabelos colados no couro pelas feridas. Passou os dias seguintes com a cabeça fedendo a pus.

— A vó não estava junto? — eu pergunto.

— Estava, mas a vó não queria que a filha dela sofresse preconceito por ser negra.

Aos 15 anos, Marcia começou a alisar o cabelo sozinha em casa. O produto era uma pasta alisante, mais fácil de aplicar do que o óleo.

— Ela tinha cheiro de esgoto.

Mesmo com os fios alisados, a garota se via obrigada a enfrentar um ritual antes de qualquer evento importante, como aniversários e casamentos.

— Tinha que lavar e secar o dia inteiro com o *bob*, porque nem secador a minha mãe tinha. Aí ficava lá, né, ao deus-dará. No inverno, então, minha filha, tinha que programar *bem* a saída — ela lembra, dando risada. Naquela época, também costumava secar o cabelo fazendo touca. — Sem contar que, quando eu botava *bob* no cabelo, nem na janela eu aparecia.

Uma vez, logo após Marcia enrolar os cabelos, minha avó pediu que ela comprasse fermento na padaria, a uma quadra de distância. No caminho, entretanto, havia um prédio onde moravam praticamente todos os seus amigos, os quais só a viam "de cabelo legal", como ela explica.

— Duas opções: ou ir de *bob* ou tirar tudo e ir de cabelo molhado. Nas duas eu ia pagar mico.

O percurso, que durou menos de cinco minutos, Marcia fez

aos prantos. Por sorte, como ela diz, não encontrou ninguém no caminho. Ao voltar para casa, sentia raiva.

— Da minha mãe, mas no fundo acho que era uma raiva da minha própria imagem.

— Essa pasta que você usava para alisar não era aquela que a gente usava lá em casa, que tinha um cheiro ruim? — eu pergunto.

— Era mais ou menos isso.

— Era hidróxido de sódio, não?

— Eu acho que era sim...

Soda cáustica.

— Eu lembro que eu passava no meu cabelo um negócio muito fedido — explico. — Só fui passar progressiva cheirosa muito tempo depois.

— Talvez fosse sim. É que foram mudando as marcas, a gente ia trocando.

— Nossa, era um cheiro ruim demais. Depois ainda tinha que passar vinagre.

Nesse momento, minha mãe começa a rir.

— Eu odiava aquele vinagre! — continuo. — É que precisava comprar o neutralizante, mas, às vezes, não tinha, daí ia vinagre mesmo.

— Ai, era caro o neutralizante.

Marcia permaneceu alisando os cabelos com a pasta alisante até saber da existência do "permanente afro", procedimento químico utilizado até hoje para cachear cabelos.

— Era um lance que você passava para o seu cabelo ficar enrolado e você continuar com cara de branco.

Ela se interessou porque, em suas palavras, queria um "cabelo

Mariany", referindo-se aos meus cachos. Foi quando Marcia conheceu o cabeleireiro que, anos mais tarde, alisaria meus cabelos pela primeira vez.

— O Silvio avaliou meu cabelo, falou que não podia passar o produto porque eu ainda tinha alisante e disse para eu esperar crescer mais um pouco. Aí a dona do salão, quando ouviu o que ele me disse, chegou perto e falou assim: lógico que dá para passar!

Depois de revirar os olhos, discordando da chefe, o cabeleireiro resolveu fazer um teste de mecha. Passou o permanente afro em alguns fios escondidos da parte de trás da cabeça, aguardou o tempo necessário e lavou. Conforme enxaguava, a pequena mecha caiu.

— Ele me disse *em off* que não faria aquilo por vontade própria, só se eu quisesse.

Para Marcia, a atitude de Silvio foi uma prova de confiança. Seis meses depois, retornou ao salão. "O permanente afro em um cabelo cacheado vai dar balanço, deixar solto", ele disse. "No seu cabelo, não vai resolver." Foi utilizado, então, um produto mais potente, do qual minha mãe não se lembra o nome.

— Eu fiquei feliz. Tirei o *bob*, mas continuei com a touca e torcendo para que o tempo ficasse bom. O melhor momento para sair era no verão e na primavera. No verão nem tanto porque, quando você transpira, a sua raiz não fica legal.

Mesmo diante do esforço necessário para manter os fios alinhados, Marcia conta que sentia prazer ao alisá-los, especialmente com secador e chapinha, depois do banho. Ao final, gostava de passar óleo reparador nas pontas.

Minha mãe permaneceu alisando os cabelos com o Silvio até descobrir na prateleira de lojas de cosméticos os mesmos produtos que ele utilizava. Resolveu fazer sozinha, para economizar. Em uma das ocasiões, perdeu vários tufos de cabelo porque, segundo ela, deve ter lido errado o rótulo. Foi a outro salão cortar para disfarçar o erro e lá conheceu Simone, que, meses mais tarde, tornou-se sua nova cabeleireira. Foi com ela que Marcia conheceu "um negócio muito bom, que trata o cabelo ao mesmo tempo em que alisa": a escova progressiva. Esse procedimento Marcia nem tentou fazer sozinha em casa porque tinha que pranchar repetida vezes, mecha a mecha, a cada aplicação do produto, no qual havia formol.

Depois de Simone, veio a Aline, recepcionista da academia que Marcia frequentava. Todas da turma de *spinning* tinham feito cabelo com ela. Era boa, cobrava barato e atendia a domicílio. Lembro que, ao conversarmos por telefone, era com alegria que Marcia falava a frase "amanhã a Aline vem aqui". E essa cabeleireira permaneceu indo à casa dela a cada quatro meses, até novembro de 2019, última vez que alisou os cabelos.

— Eu ia ter que retocar a raiz em fevereiro, mas teve Carnaval. Aí eu decidi deixar para março, porque ainda dava para dar um jeito com a chapinha. — Porém, a quarentena começou logo em seguida e, por respeitar o isolamento social, minha mãe resolveu aguardar o momento mais adequado para receber a cabeleireira em casa. — Tinha três dedos de raiz, então a chapinha fazia o papel se eu precisasse dele liso, não era tão ruim.

Só não podia suar porque, como ela mesma diz, "inflava".

— Em outros momentos, quando começava a ficar muito grande, eu ficava desesperada porque "ah, vai ter aniversário de fulano, vai ter páscoa, vai ter isso, aquilo... Vou ter que resolver essa raiz". Dessa vez não. Antes mesmo de estourar a bomba da pandemia, era para eu ter feito em fevereiro e resolvi deixar para depois. Hoje, dá uma sensação de que já foi um desprendimento ali. Engraçado, não tinha parado para pensar.

Com o passar do tempo, Marcia foi deixando de curtir o que antes era um momento relaxante. Aos poucos, foi pulando etapas do alisamento pós-banho.

— Antes, eu lavava, secava com o secador e depois fazia chapinha. Desde a última progressiva, eu não secava mais. Comecei a perder o saco. Então, eu lavava o cabelo e, se eu não tivesse que sair de casa, deixava ele secando sozinho. Só quando eu terminava minhas tarefas do dia e via que ele tinha secado, eu sentava e pranchava. Era um passatempo, como sentar para ver uma série.

Nesse período, uma curiosidade foi se desenvolvendo em sua mente, dia após dia. Durante a quarentena, Marcia esperava o cabelo secar e pousava as mãos na raiz, apalpando os novos fios.

— Eu achava engraçada aquela coisa fofa e aqueles tubinhos. — Ela associa os fios alisados a "palitos de dente pendurados no cabelo". — Às vezes, antes de pranchar, eu escondia toda a parte lisa com as mãos para ver como ficaria só a natural, mas não dava para saber.

Em junho, Marcia não usava mais o cabelo solto. Porém, prendê-lo também não era uma opção que lhe agradava.

— Aquele rabo de cavalo esquisito, todo *sei lá*, estava me incomodando. Muitas vezes, eu fazia coque e saía de casa. Quando chegava e soltava, ficava aquela coisa...

Nesse momento, na videochamada, minha mãe pega um vaso de plantas de plástico, com folhas bem retas, e simula com os dedos em forma de tesoura como ela começou a cortar os próprios cabelos que, até então, estavam um pouco acima dos ombros.

— Aí eu pegava esse aqui que tá lisinho, ia com a tesoura e *pá*.

Todo dia, ao passar pelo espelho, Marcia cortava um pedacinho de cabelo alisado.

— Eu comecei a fazer tudo isso meio que escondido. Já pensou se teu pai entra no quarto e eu tô cortando o cabelo? Sei lá a reação dele. A gente se preocupa muito com a reação do outro, principalmente quem tem cônjuge, namorado.

Foram dois meses cortando, aos poucos, um cabelo que não considerava mais seu. Alguns fios, Marcia guardou em uma caixinha escondida no fundo do guarda-roupas.

O cabelo, porém, foi apenas um dos resquícios de um passado que não lhe cabia mais, um passado que minha mãe também resolveu encaixotar. Nessa caixinha empoeirada de memórias descontentes, inúmeras vivências deixadas para trás. Quanto mais se afastava da caixa, mais perto de si chegava.

Um ano antes da quarentena, Marcia estudou em casa para o Enem. Em julho de 2020, descobriu que havia passado no vestibular de Nutrição pelo Programa Universidade para Todos (Prouni), trinta anos após ter concluído o ensino médio. Dois anos antes de sequer pensar em cortar o cabelo, começou a direcionar de forma mais assertiva as decisões em sua vida. Afastou-se de pessoas próximas, com as quais não se sentia bem, e começou a dizer "não" quando lhe convidavam para lugares aonde não queria ir. Passou a se impor em discussões de tudo quanto era assunto e até com a síndica do prédio brigou no dia das eleições presidenciais de 2018, das quais o resultado não lhe agradou nem um pouco.

Em julho, quatro meses após o início da quarentena da Covid-19, seu cabelo estava todo picotado. Porém, ainda dava para prendê-lo.

— Teve um dia que começaram a falar sobre o Bolsonaro ali

na frente de casa. Seu pai e seu tio discutindo sobre o assunto. Aí eu fui ao banheiro escovar os dentes e me deu *uma vontade* de dar uma cortadinha a mais — ela conta, enfatizando o "uma vontade". — E eu escutando o papo deles: "ah, porque ele presta, porque não presta...", e eu pensei "eu não vou sair desse banheiro, deixa eles se pegando lá, eu não vou". *Pá, pá, pá* — ela narra, fazendo o som da tesoura cortando os fios. — Eu fui tirando tudo com muita raiva. Lembro que sobrou pouquinho. Daí eu não tinha mais o que cortar, então o que eu fiz? Fui lá fora discutir. — Demos risada juntas nesse momento. — Imagina, eu cheguei lá totalmente parecendo, ai gente, um sol. Ainda tinha umas pontinhas, principalmente na parte de trás.

Ao voltar para o banheiro e se olhar no espelho, Marcia não ficou abalada.

— Não era uma questão. Porém, eu não precisei encarar nenhuma formatura, nenhuma festa, nenhum bar, nenhuma balada. Então eu não precisava me sobressair perante as outras mulheres. Uma vez, quando eu ainda alisava, eu deixei de ir no aniversário da minha professora da academia. Teu pai até ficou irritado, porque a gente tinha confirmado que ia, mas eu fiquei brava porque naquele dia eu estava sem minha chapinha em casa. Eu falei "eu não fiz chapinha, então eu não vou". Eu não ia de qualquer jeito. Todo mundo na academia usa rabo de cavalo. Quando chegam as festas de fim de semana, elas soltam, e eu não ia poder soltar se eu não alisasse.

Hoje, o tempo dedicado a cuidar do cabelo permanece o mesmo. Marcia conta que, da mesma forma que fazer progressiva não lhe dava a praticidade que ouvia outras pessoas alegarem, ter os cabelos naturais não significa para ela passar menos tempo os penteando. Gosta de testar cremes novos e comprar acessórios bonitos e conta que tem se sentindo mais instigada a se maquiar.

— Tenho a sensação que preciso passar um lápis de olho, colocar um brinco, usar uma sombra. É como se eu não quisesse que o cabelo sobressaísse, mas que sobressaísse um todo. Em nenhum momento eu acho ele feio, mas eu ainda não me adaptei ao corte porque eu quero que ele fique comprido.

Dias depois do *big chop*, Marcia tirou uma foto de si mesma, os cabelos com menos de cinco centímetros de comprimento. Por meio de um aplicativo, colocou a fotografia ao lado de outra que havia tirado antes da transição, com os cabelos alisados e longos, e ficou triste. Não porque tivesse se arrependido, mas porque não se via em nenhuma das fotos. "Essas duas não sou eu. Cadê eu?", ela se perguntava.

— Só não estou totalmente de bem com essa nova relação porque ele ainda não tá no comprimento que eu me vejo. Eu tô me procurando. Tô tentando me encontrar.

Tudo o que eu amo hoje era o que eu detestava antes porque me fizeram detestar

Se eu não tivesse me definido para mim mesma, teria sido esmagada pelas fantasias que outras pessoas fazem de mim e teria sido comida viva.

(Audre Lorde)

— Tá me ouvindo? — pergunta Camila, que surge do outro lado da tela do celular. Seus fones de ouvido e brincos de argola se perdem em meio aos longos e volumosos cabelos cacheados. Ela veste uma camisa vinho que deixa os ombros de fora e está sem maquiagem.

— Tô! — respondo, verificando se o computador está captando o áudio da conversa.

— Posso deixar meu celular de lado, assim, ó? É melhor para equilibrar porque eu tô sem o tripé.

— Tá, beleza, eu vou deixar também, senão vai cansar a mão.

Deixo o celular na horizontal, apoiado em uma pilha de livros sobre a escrivaninha.

— Faz um teste para ver se o áudio vai gravar aí... Ih, você tá de ponta-cabeça para mim.

— Você também tá. Espera, deixa eu virar. Hahaha!

— Hahahaha!

— Acho que foi, né? Vai ficar tortinho, mas não tem problema.

— Foi! Deixa eu ver como é que eu tô, deixa eu colocar na minha câmera. Ui, que feia!

— Ai, para! Que bobeira!

— Mas vamo lá! — ela me interrompe, falando rápido, quase atropelando as palavras. — Eu tô me libertando disso de, tipo, parecer impecável. Ai, vamos conversar sobre isso também! Assim, eu percebi que é óbvio que sou super preocupada com algumas coisas, mas, ao mesmo tempo, eu tô aprendendo a lidar com algumas questões que eu tento perceber até que ponto só eu enxergo e até que ponto são coisas que eu me sinto forçada a viver por conta de algum padrão. Não sei, eu tô tentando me libertar um pouco. Esse lance da maquiagem é uma coisa que eu me... Olha eu, que doida, já começando a entrevista!

Dois dias antes dessa ligação, ao voltar do mercado, resolvi limpar a carteira e descartar notas fiscais velhas, dessas que ficam meses escondidas entre o cartão de débito e o vale-refeição. No meio da limpeza, reparei que um dos papéis não era um comprovante de compra em mercearia ou farmácia, mas uma passagem de ônibus comprada oito meses antes para Santos, no litoral de São Paulo, saindo de Florianópolis. De lá, eu pegaria outro ônibus até Bertioga, cidade onde Camila mora desde que nasceu. Entretanto, uma semana antes da viagem, a quarentena começou. Encarei o bilhete desbotado pelo tempo.

Camila é uma das minhas melhores amigas, que considero prima porque sua tia é casada com um primo do meu pai. Sei que no fundo não há ligação genética entre a gente, mas eu finjo que há, porque nossa proximidade existe desde a infância, em uma época que nenhuma das duas tinha computador em casa e a gente passava a tarde inteira na *lan house* de Bertioga para ver videoclipes das Pussycat Dolls, Christina Aguilera e P!nk.

Quando comprei as passagens para visitá-la em abril, a intenção era passar três dias em sua casa, acompanhando seu dia a dia e observando sua relação com os cabelos. Na impossibilidade de realizar essa entrevista pessoalmente, marcamos de conversar em outubro de 2020, por videochamada no WhatsApp. Ao aparecer do outro lado da tela, reparei que ela estava no quintal da avó, na mesa de madeira onde a gente costuma passar horas papeando quando viajo para Bertioga. O "cafezinho rápido depois do almoço" se transforma facilmente em tardes inteiras falando da vida, da gente, dos nossos sonhos, vendo vídeo engraçado pelo celular, desabafando sobre amores não correspondidos. Dessa vez, nosso café foi a 730 quilômetros de distância.

— Tudo certo com o áudio — eu aviso.

Peço que ela comece por onde preferir. Ela se ajeita na cadeira.

— Eu passei por transições na minha vida. Todo mundo passa, né? Mas no meu caso, especificamente, as transições estão muito interligadas.

Paralelamente à transição capilar, Camila viveu a transição de gênero. Ela conta que acompanhar o crescimento de seus cabelos naturais ressaltou sua feminilidade e despertou nela questionamentos sobre quem era.

— Quando eu era criança, eu achava lindo o movimento com o cabelo, a performance que ele tem na estética da gente. Eu gostava da forma como o cabelo da minha irmã se movimentava, da forma como a minha mãe penteava o cabelo antes de sair. Eu mexia muito nos cabelos das meninas do meu colégio. Eu sempre quis ter um cabelo. Porém, meu pai gostava de pagode e samba; minha mãe, de axé. Isso nos anos 90. Todos os homens desse círculo normalmente tinham o cabelo raspado, um corte super definido, com pezinho. E meus pais depositavam essa referência em quem? Em mim! Olha que gostoso! — ela ironiza, dando risada.

Camila cuidava do cabelo que nascia como se fosse um tesouro. A contemplação daqueles fios de poucos centímetros durava cerca de um mês, quando ela ia parar, de novo, em frente ao espelho de um salão de cabeleireiro. "Eles iam lá e desmontavam, eu ficava sem nada", conta. Mesmo assim, ela inventava jeitos de ter, ainda que de mentirinha, um cabelo grande.

— Eu fazia um movimento de cabelo que eu nem tinha — ela conta, balançando a cabeça do outro lado da tela. — Olha que bichinha maluca que eu era. Eu batia um cabelinho que eu não tinha. — Naquela época, ela e um primo pegavam camisetas grandes da avó e colocavam na cabeça para fazer de cabelo comprido. — Eu e Samuel, duas bichinhas, a gente pegava as camisetinhas e, *pá*, dava aquele *close*, né? Mas eu não vinculava isso a gênero porque eu não tinha condição. Como você sabe, eu transicionei mais tarde. Naquela época, eu não sabia que eu era uma mulher trans. Isso me rondava desde a infância, mas eu não percebia.

A adolescência permitiu à Camila maior autonomia sobre seus cabelos. Parou de ir aos salões que os pais a levavam. Juntava o próprio dinheiro e cortava o cabelo com outro profissional, que só aparava as laterais. A parte de cima, maior, era motivo de alegria para ela, que só não deixava tudo crescer por medo de não conseguir emprego. "Eu tentava arrumar uma maneira que eu me identificasse mais, mas não era uma coisa confortável para mim", diz.

Assim como eu, Camila viveu essa fase da vida em meio a

diversas referências da chamada estética "emo", muito valorizada em nossos círculos de amigos. Tanto eu como ela acreditávamos que não dava para ter o tão almejado estilo se não fosse de cabelo liso.

— A galera começou a ter franjão e eu com meu cabelo cacheadíssimo, sem saber nada sobre o racismo que me rondava, falava "aaah, eu tenho que ter esse cabelo". A gente quer ser aceito quando é adolescente.

Se não dava para ter cabelo grande, pois que fosse liso. A partir de então, Camila passou a esticar os cachos, tanto mecânica como quimicamente.

— No começo ficava bom, eu gostava do resultado. Depois, ai, meu deus, a raiz começava a crescer, aquela desgraça de manhã, eu ficava nervosa. Você se sente feia o tempo todo. A raiz enrola e você já, aaah, entra em pânico. É um ciclo que você entra e você não sai tão cedo.

Lembro que um dos assuntos mais compartilhados entre a gente, naquela época, era o crescimento de nossas raízes. No MSN, quando a gente começava a conversar, depois do "oi, tudo bem?" quase sempre vinha um "tudo sim, tirando essa raiz, minha filha, que tô sem dinheiro para arrumar".

Com o fim da adolescência, outros fatores impediram Camila de ter seu tão sonhado cabelo grande. Um deles foi o relacionamento amoroso que viveu no início da vida adulta, antes da transição de gênero. Durante três anos, nos quais namorou um homem, ela se via pressionada a performar uma masculinidade que, como ela mesma diz, não lhe representava.

— Era heteronormativo demais. Eu era obrigada a ter comportamentos muito masculinos com ele e o cabelo era uma das coisas. Quando eu fazia um corte diferente, era super difícil porque ele falava "ai, tá parecendo viado, você não pode parecer assim na frente dos outros", e isso me incomodava muito porque o meu feminino era muito forte já, mesmo antes da transição.

Camila tinha dificuldade em performar características masculinas presentes no que ela chama de mundo gay. Em suas palavras, essa comunidade exalta a masculinidade em seu ápice. Quanto mais masculino você for, mais elogiado vai ser.

— Naquela época, eu pensava "gente, *nada a ver* o que eu tô performando com esse homem, ai, que ridículo ter que ficar engrossando a voz para mandar áudio (olha que cafona!), ter que ficar falando *cara, brother*. Ai, eu não sou nada disso, nunca fui! — Neste momento da conversa, a gente ri bastante. — Eu fazia essa performance na maioria das vezes, mas eu tirava sarro. Eu falava "gente, olha o que eu falei pro *boy*, olha aqui meu áudio" e mostrava pras minhas amigas. É mole eu ter que ficar fazendo isso para pegar eles? Que coisa ridícula.

No período em que namorou, Camila fazia faculdade de moda. A escolha do curso fez com que ela se aproximasse de uma liberdade estética e sexual que lhe vislumbrou, mas que era, a todo o momento, brecada pelo namorado.

— Quando meu relacionamento terminou, as minhas transições começaram realmente a tomar formato, porque eu não tinha mais obrigação de agradar alguém que eu amava muito.

Aos 23 anos, Camila começou a frequentar a academia. "Eu queria malhar, ficar com o corpo sarado", conta. Nesse período, começou a deixar o cabelo crescer. Não havia pretensão de atingir determinado comprimento. Ela só queria ver como ficava.

Continuou alisando os cabelos, buscando deixá-los com aspecto ondulado. Não gostava do cabelo cacheado, mesmo sem saber como ele era. Camila conta que naturalizou o alisamento capilar porque lhe parecia o único caminho possível.

— Eu achava que eu tinha que passar por aquilo. É igual um relacionamento abusivo: você sabe que tá péssimo, mas acha que é assim mesmo e que não tem outro jeito. — Ao seu redor, todas as pessoas que tinham cabelo cacheado ou crespo alisavam. — A liberdade que eu tenho com meu cabelo natural eu nem imaginava que existia. Viviam falando para a gente que esse cabelo fica armado, cheio de *frizz*, ressecado, tudo o que eu acho bonito hoje. Eu acho lindo um cabelo *frizzado*, sem cacho, cheio de volume. Tudo o que eu amo hoje era o que eu detestava antes porque me fizeram detestar.

Na busca por atividades físicas que lhe fossem prazerosas, para intercalar com a musculação, Camila retomou uma antiga paixão de quando era criança, que conduziu seus passos para as duas transições que estava prestes a vivenciar: decidiu se matricular, na mesma academia onde malhava, em aulas de Stiletto, modalidade de dança realizada com salto alto.

— Nas terças e quintas, às dez da noite, eu estava indo ao encontro de mim mesma e eu não sabia. Era muito delicioso. Eu faltava em qualquer coisa, menos nessas aulas, porque era quando eu podia performar minha feminilidade — lembra, com brilho nos olhos. — E nesse processo todo, meu cabelo crescendo e crescendo, cada vez mais.

Quando eu visitava Camila em dia de semana, ela me levava junto para a aula e eu sentava no canto da sala para vê-la dançar. Era nítido o quanto ela se sentia confortável naquele ambiente, fazendo coreografias da Beyoncé e da Anitta de um jeito que me contagiava, a ponto de me deixar com vontade de dançar também. Hoje, ela é professora de dança.

— Meu processo de descoberta de gênero foi junto com a transição capilar, porque foi um processo de autoaceitação *mesmo*, de reafirmação, de autoconhecimento, de eu olhar para mim e falar "eu tenho que descobrir quem eu sou agora". Não que eu tenha mentido antes. Eu sempre vivi com muita verdade, nunca escondi nada, sabe? Nunca vivi dentro do armário, nem antes, como gay. Eu era boca arreganhada. Não lido bem com coisas escondidinhas.

Apaixonada por blogs e canais do YouTube, especialmente os focados em moda e beleza, Camila começou a se deparar com o discurso da transição capilar. Pouco a pouco, foi acessando pontos de vista que até então não conhecia e se dando conta do cansaço que alisar a raiz do cabelo lhe causava.

— Era como se eu tivesse algo para esconder, mesmo que eu não quisesse de fato esconder. Naquela época, eu gostava da minha raiz. O único problema era que ela estava muito diferente do resto do cabelo. Então pensei: por que não inverter a lógica e acabar com o resto?

A palavra que marcou seus dois processos de transição foi paciência. Para Camila, ambas as experiências foram graduais. Ela conta que, se não estivesse em transição de gênero, talvez teria raspado o cabelo. "Eu estava me divertindo muito com o comprimento e não queria me desfazer dele."

Camila foi cortando o cabelo alisado devagarzinho, com paciência, fazendo de seus cabelos cheios de texturas diferentes um jardim, desses que a gente rega carinhosamente, retirando com cautela as ervas daninhas, para que um dia refloresça.

E, em uma madrugada de abril de 2016, dois anos após o

último alisamento, refloresceu. "Não dá mais para ficar com esse cabelo. Essa é uma parte da vida que eu não quero mais ter. Significa todo um sofrimento que eu passei que eu não quero mais passar", foi o que Camila pensou olhando para seu reflexo no espelho, depois do banho, em uma madrugada de insônia. Uma música tocava no celular.

— Eu peguei uma tesoura, pelada. Eu estava *pelada*. Foi muito holístico — ela conta, dando risada do próprio comentário. — E fui cortando todas as partes lisas do meu cabelo. Eu pegava mechinha por mechinha e cortava, todas, uma por uma.

Camila fez todo o corte sentindo medo. Não fazia ideia de como ficaria. Seus cabelos estavam metade lisos, metade cacheados.

— Quando cortei o último pedacinho, eu passava a mão no meu cabelo assim — ela demonstra do outro lado da tela, suas mãos se perdem nos longos cachos — e, nossa, era uma sensação de encontro comigo, de liberdade. Parecia que eu tinha nascido naquele momento.

Espalhados pelo chão do banheiro, os cabelos cortados não lhe causavam tristeza.

Agradecimentos

Ao Gilberto e à Marcia, meus pais, e ao Gabryel, meu irmão, por coisas que não cabem em palavra. À Nina e ao Mauro, meus avós, por me mostrarem como é gostoso contar histórias.

Aos amigos e amigas que seguraram a minha mão durante todo o processo de elaboração deste livro, especialmente aos queridos Wandersa Martins, Tadeu Goulart, Vinícius Jacob e Amanda Bueno, por lerem cada frase, opinarem e me acolherem.

Ao Henrique Akira Matsuo, meu amor, por me incentivar a enxergar em mim a escritora que me tornei.

Ao Andre Aguiar, meu mais recente amigo de infância, por comemorar comigo a realização deste sonho.

A todos os amigos e amigas que, dia após dia, encorajam a minha escrita com todo o amor deste mundo (eles sabem quem são).

À Ana Cristina Peron, por ter me oferecido uma bibliografia riquíssima de História e me orientado como a historiadora incrível que é.

À Mariana Amaral de Queiroz, minha psicóloga, por me ajudar a varrer toda a poeira de cima dos meus sonhos.

À professora Leslie Sedrez Chaves, minha orientadora, por toda a gentileza, paciência e encorajamento.

Às professoras Melina de la Barrera Ayres e Fernanda Nascimento, que compuseram minha banca de TCC, pela disposição e conselhos.

Aos professores Ildo Francisco Golfetto e Valentina Nunes, por tirarem minha dúvidas com tanto carinho e atenção.

Ao professor Alexandre de Souza, que me deu aulas de português na sétima série, por me incentivar a escrever.

Ao Núcleo Educafro Valongo, cursinho do qual fui aluna e professora, por ter sido minha segunda casa.

A todas as mulheres que se dispuseram a compartilhar suas histórias e, junto comigo, construíram este livro.

Referências

ABREU, Valdicléia Massilon; AZEVEDO, Maria da Glória Batista; FALCÃO, Juliana de Souza Alencar. Cosmetovigilância em alisantes capilares: Determinação do teor de formaldeído por espectrofotometria e avaliação do rótulo. **Revista de Ciências Farmacêuticas Básica e Aplicada**, Campina Grande, v. 36, n. 1, p. 51-58, 2015. Disponível em: <https://rcfba.fcfar.unesp.br/index.php/ojs/article/download/67/65/>. Acesso em: 10 fev. 2020.

ADICHIE, Chimamanda Ngozi. **Americanah**. Rio de Janeiro: Companhia das Letras, 2014.

ALENCASTRO, Luiz Felipe. **O trato dos viventes**: formação do Brasil no Atlântico Sul. São Paulo: Companhia das Letras, 2000.

ALLEN, Maya. The Fascinating History of Braids You Never Knew About. **Byrdie**, out. 2019. Disponível em: <https://www.byrdie.com/history-of-braids>. Acesso em: 20 mai. 2021.

ALMEIDA, Djaimilia Pereira de. **Esse cabelo**: A tragicomédia de um cabelo crespo que cruza fronteiras. Alfragide: Teorema, 2015.

ALISANDO Nosso Cabelo, por Bell Hooks. **Portal Geledés**, 10 jun. 2014. Disponível em: <https://www.geledes.org.br/alisando-o-nosso-cabelo-por-bell-hooks/>. Acesso em: 16 mai. 2019.

ALONSO, Camila Panzetti; RENOVATO, Rogério Dias. Alisamento Capilar: uma proposta interdisciplinar para o Ensino em Saúde e Ciências. X Encontro Nacional de Pesquisa em Educação em Ciências – X ENPEC. **Anais Eletrônicos** [...]. Águas de Lindóia, 2015. Disponível em: <http://www.abrapecnet.org.br/enpec/x-enpec/anais2015/busca.htm?query=alisamento+capilar>. Acesso em: 17 ago. 2020.

BORGES, Stephanie. **Talvez precisemos de um nome para isso** [ou o poema de quem parte]. Recife: Cepe, 2019.

BOURDIEU, Pierre. A ilusão biográfica. In: FERREIRA, Marieta; AMADO, Janaína (org.). **Usos e abusos da história oral**. 6. ed. Rio de Janeiro: Ed. FGV, 2005.

BRAGA, Danielly Caixeta; FERREIRA, Lilian Abreu. Substâncias ativas do alisamento capilar e seus mecanismos de ação. **Publicação da Faculdade de Farmácia**. Universidade Federal de Goiás (UFG). Volume XIII, número 2, 2016. REF – ISSN 1808 – 0804. Disponível em <https://revistas.ufg.br/REF/issue/view/1739>. Acesso em: 18 out. 2020.

BRAGA, Juliana Bellia. **A mulher negra nas embalagens de cosméticos para cabelos crespos e cacheados**. Dissertação (Mestrado em Comunicação e Territorialidades) – Programa de Pós-Graduação em Comunicação e Territorialidades, Centro de Artes, Universidade Federal do Espírito Santo. Espírito Santo, 2020. 171p.

BRITO, Fabi. História e Evolução do alisamento químico capilar. **S.O.S Srta. Brito**, 15 mar. 2016. Disponível em: <https://sossrtabrito.wordpress.com/2016/03/15/historia-e-evolucao-do-alisamento-quimico-capilar/>. Acesso em: 14 set. 2020.

BRUM, Eliane. **A vida que ninguém vê**. Porto Alegre: Arquipélago Editorial, 2006.

BRUM, Eliane. **O olho da rua**: uma repórter em busca da literatura da vida real. São Paulo: Globo, 2008.

CALVINO, Ítalo. A palavra escrita e a não-escrita. In: FERREIRA, Marieta; AMADO, Janaína (org.). **Usos e abusos da história oral**. 6. ed. Rio de Janeiro: Ed. FGV, 2005.

CARNEIRO, Aparecida Sueli; FISCHMANN, Roseli. **A construção do outro como não-ser como fundamento do ser**. São Paulo: Editora da Universidade de São Paulo, 2005.

CULLER, Jonathan. **Teoria literária**. São Paulo: Beca, 1999. pp. 84-94.

DELFINI, Fernanda Novelli de Almeida. **Ativos alisantes em cosméticos**. Trabalho de conclusão de curso (Graduação em Farmácia-Bioquímica) – Faculdade de Ciências Farmacêuticas de Araraquara, Universidade Estadual Paulista "Júlio de Mesquita Filho". Araraquara, 2011. 47p.

DOSSIÊ BrandLab: A Revolução dos Cachos. **Google BrandLab**, jul. 2017. Disponível em: <https://www.thinkwithgoogle.com/intl/pt-br/estrategias-de-marketing/video/revolucao-dos-cachos/>. Acesso em: 15 out. 2019.

EVARISTO, Conceição. **Insubmissas lágrimas de mulheres**. 2. ed. Rio de Janeiro, Malê, 2016.

EVARISTO, Conceição. **Poemas da recordação e outros movimentos**. Belo Horizonte: Nandyala, 2008.

FANON, Frantz. **Pele negra, máscaras brancas**. Salvador: Edufba, 2008.

FERRARI, Érica; ASSIS, Juliana. A dimensão informacional da transição capilar: identidade e empoderamento nas mídias sociais. **Revista brasileira de educação em ciência da informação**, Rio de Janeiro, v. 4, n. 1, p. 74-95, jan./jun. 2017. Disponível em: <https://www.brapci.inf.br/index.php/article/download/57244>. Acesso em: 24 abr. 2020.

FERREIRA, Lilian Abreu; BRAGA, Danielly Caixeta. Substâncias ativas do alisamento capilar e seus mecanismos de ação. **Eletronic Journal of Pharmacy**, Faculdade Patos de Minas, Patos de Minas, vol. XIII, n. 2, p. 56-63, 2016.

FORTUNATO, Clarice. **Da vida nas ruas ao teto dos livros**. Rio de Janeiro: Pallas, 2020.

FRANQUILINO, E. Cabelos através dos tempos. **Revista de Negócios da Indústria da Beleza**, Edição Temática, v. 4, n. 11, p. 6-16, 2009.

GOMES, Nilma Lino. **Sem perder a raiz**: corpo e cabelo como símbolo da identidade negra. 3. ed. rev. amp. Belo Horizonte: Autêntica Editora, 2019.

GONZALEZ, Lélia. Por um feminismo afro-latino-americano. **Revista Isis Internacional**. 1988. Disponível em: <https://goo.gl/vX7mSZ>. Acesso em: 16 mai. 2019.

JESUS, Carolina Maria de. **Quarto de despejo**: Diário de uma favelada. São Paulo: Ática, 2014.

KILOMBA, Grada. **Memórias da plantação**: episódios de racismo cotidiano. Rio de Janeiro: Cobogó, 2019.

KOHLER, Rita de C. O. **A química da estética capilar como temática no ensino de química e na capacitação dos profissionais da beleza**. Dissertação (Mestrado em Educação em Ciências) – Programa de Pós-Graduação Educação em Ciências: Química da Vida e Saúde, Centro de Ciências Naturais e Exatas, Universidade Federal de Santa Maria. Santa Maria, 2011. 113 p.

MACEDO, José Rivair. Os filhos de Cam: a África e o saber enciclopédico medieval. **SIGNUM:** Revista da ABREM, Vol. 3, p. 101-132, 2001.

MALYSSE, Stéphane Rémy. "Extensões do feminino": megahair, baianidade e preconceito capilar. **Studium** (UNICAMP), Universidade Estadual de Campinas, v. 11, p. 1-26, 2002.

MATOS, Lídia. **Transição capilar**: cabelos, consumo e interseccionalidade no ciberespaço. Dissertação (Mestrado em Antropologia) – Programa de Pós-Graduação em Antropologia, Centro de Educação e Ciências Humanas, Universidade Federal de Sergipe. São Cristóvão, 2017. 99 p.

MBEMBE, Achille. **Crítica da razão negra**. 3. ed. Lisboa: Antígona, 2014.

MORRISON, Toni. **O olho mais azul**. São Paulo: Companhia das Letras, 2019.

MUNANGA, Kabengele. **Rediscutindo a mestiçagem no Brasil:** Identidade nacional versus identidade negra. 3. ed. São Paulo: Autêntica, 2007.

NASCIMENTO, Beatriz. Negro e racismo. In: RATTS, Alex. **Eu sou Atlântica**: sobre a trajetória de vida de Beatriz Nascimento. São Paulo: Instituto Kuanza e Imprensa Oficial, 2006.

NEGREIROS, Adriana. **Maria Bonita**: Sexo, violência e mulheres no cangaço. 1. ed. Rio de Janeiro: Objetiva, 2018.

OLIVEIRA, Luciana Xavier de. Negro é lindo: Estética, identidade e políticas de estilo. **Revista Mídia e Cotidiano**, Rio de Janeiro, v. 12, n. 3, 2018. Disponível em: <https://periodicos.uff.br/midiaecotidiano/article/viewFile/26928/16045novembro>. Acesso em: 02 nov. 2020.

OLIVEIRA, Shirlene Benfica de. Por que estamos falando sobre nossos cabelos?: Representações sociais de alunos do ensino médio técnico sobre a transição capilar. Seminário Internacional Fazendo Gênero 11 & 13th Women's Worlds Congress.

Anais Eletrônicos [...]. Florianópolis, 2017. Disponível em: <http://www.en.wwc2017.eventos.dype.com.br/resources/anais/1499382001_ARQUIVO_Texto_completo_PORQUEESTAMOSFALANDODENOSSOSCABELOS.pdf>. Acesso em: 15 ago. 2020.

PERROT, Michelle. **Minha história das mulheres**. São Paulo: Contexto, 2007.

QUINTÃO, Adriana Maria Penna. **O que ela tem na cabeça?:** Um estudo sobre o cabelo como performance identitária. Dissertação (Mestrado em Antropologia) – Programa de Pós-Graduação em Antropologia, Universidade Federal Fluminense. Niterói, 2017. 197 p.

SCHWARCZ, Lilia M. **O Espetáculo das raças**: cientistas, instituições e questão racial no Brasil de 1870-1930. São Paulo: Companhia das Letras, 1993.

SHOHAT, Ella; STAM, Robert. **Crítica da imagem eurocêntrica**: multiculturalismo e representação. São Paulo: Cosac&Naify, 2006.

SILVA, Francisco Carlos Teixeira da. Conquista e Colonização da América Portuguesa. In: LINHARES, Maria Yedda. **História geral do Brasil**. 10. ed. Rio de Janeiro: Elsevier, 2016. p. 49-143.

SILVA, Joyce Gonçalves da. **Nós também somos belas**: A construção social do corpo e da beleza em mulheres negras. Dissertação (Mestrado em Relações Étnico-Raciais) – Programa de Pós-Graduação em Relações Étnico-Raciais, Centro Federal de Educação Tecnológica Celso Suckow da Fonseca. Rio de Janeiro, 2015. 147 p.

SOUZA, Neusa S. **Tornar-se negro**: ou As vicissitudes da identidade do negro brasileiro em ascensão social. Rio de Janeiro: Graal, 1983.

TEIXEIRA, Talita di Monaco. **A indústria brasileira de higiene pessoal, perfumaria e cosméticos (HPPC):** Desafios e oportunidades. Trabalho de conclusão de curso (Graduação em Economia) – Universidade Estadual de Campinas. Campinas, 2014.

WOLF, Naomi. **O mito da beleza**. Rio de Janeiro: Rocco, 1992.

WOLFE, Tom. **Radical chique e o novo jornalismo**. São Paulo: Companhia das Letras, 2005.

XAVIER, Giovana. **Brancas de almas negras?**: beleza, racialização e cosmética na imprensa negra pós-emancipação (EUA, 1890-1930). Tese (Doutorado em História) – Instituto de Filosofia e Ciências Humanas, Universidade Estadual de Campinas. Campinas, 2012. 424 p.

XAVIER, Giovana. Domando os fios e civilizando os corpos: a construção da beleza afro-americana em alguns jornais e revistas negros de Chicago no pós-abolição (1918-1922). XXVI Simpósio Nacional de História – ANPUH. **Anais...** São Paulo, junho 2011. Disponível em: <http://www.snh2011.anpuh.org/resources/anais/14/1300671094_ARQUIVO_TextoAnpuh(GiovanaXavier.2011).pdf>. Acesso em: 13 jul. 2020.

Esta obra foi composta em Arno pro light 13 para a Editora Malê e impressa na RENOVAGRAF em São Paulo em outubro de 2022.